よくわかる
記号論理

藤村龍雄

勁草書房

知慶と芳子と佑理に

まえがき

　記号論理のテキストは，今では，数多く出版されている．良書も決して少なくない．それなのに，なお1書を世に送るのは，文科系の学生が記号論理の考え方の基礎を理解し，スキルの基本を習得できるような入門書の必要性を痛感していたからである．記号嫌いの学生が"初歩の初歩から"学べる論理学のテキスト——それが，本書の目指すものである．問題は，何を"基礎"と考え，何をもって"初歩"と見るかである．私は，読者に予備知識を前提することはいっさいせず，代わりに，内容を思い切って次のように限定することにした．

　まず，第1章では，論理学とは何か，なぜ論理学が議論の形式に集中するのかを丁寧に解説する．これによって論理学の学習の方向付けが明確に定まるはずである．

　第2章と第3章では，命題論理学で扱う日常文の記号化を練習する．われわれが普段に無意識に用いている"文の意味と形式"に改めて注意を向け，記号化や形式化は単なる技術ではなく，文に盛られている内容と密接に結びついていることを理解するよう努める．論理学を学習することよって，読者の言語感覚が磨かれるはずである．さらに第3章では，分析的な言語哲学や論理学の哲学で取り上げられる基本事項についても言及する．

　第4章では，真偽の概念を用いて"議論形式の論理的妥当性"と"議論の正しさ"を正確に定義する．そのために幾つか定義と定理を掲げるが，これらは，それまで具体例で見てきたものを一般化したものなので，容易に理解できるものばかりである．そして，それらはより程度の高いテキストや言語哲学，それに論理学の哲学への準備としても役立つはずである．

　ところで，与えられた議論形式の妥当性を調べるための，原理的に最も簡単な方法は真理表を用いることであるが，前提や結論が少し多くなると，この方法は手数が増えて，実際にはとても使い物にならなくなる．そこで"背理法"

を応用して，"反例法"という，真理表の簡便な使用法を考案する．しかし，これにもある種の不便さがつきまとう．

それゆえ，第5章では，反例法を組織化してその欠点を修正し，"真理木"という図形を描く方法を述べる．この段階で，1つの機械的な"証明法"が完成する．けれども，これは改めて学ぶというものではなく，第2章から——少なくとも第4章から——，自ずと発展してきたもので，読者は何の抵抗もなくマスターできるであろう．他方，この方法にも改良の余地が残されている．

第6章では真理木を簡略化し，一般に"タブロー"と呼ばれる方法を述べる．真理木の方法で用いられる表現には，"文Aは真である"とか"文Aは偽である"というように，通常の文——正確には論理式という——のほかに，"文…は真である"や"文…は偽である"という"符号"が付いている．だが，これは考えようによっては，取り除くことができる．すなわち，"文Aは真である"と主張することは，文"A"そのものを主張することであると考え，また"文Aは偽である"と主張することは，文"Aの否定"を主張することであると考えれば，これらの符号は不要になる．そして，真理木は通常の文のみで形成できるのである．こうして完全に形式化された証明体系が得られる．

これまでの叙述から明らかなように，本書では，論理体系を"上から"押し付けるのではなく，最も簡単な真理表（あるいは同じことであるが，真理条件）から，システムを1つ1つ構築するという態度で臨んでいる．

ところで，上に述べてきた方法を用いれば，議論が正しいか否か，つまり，前提から結論が"出てくるか否か"は知ることができる．けれども，結論が前提から"どのようにして"出てくるかは知ることができない．そこで，前提から出発し，1歩ずつ"推論"を重ねて結論を"導き出す"ということが考えられる．これが第7章・自然演繹である．この方法にも欠点がない訳ではないが，第5章の真理木の方法をマスターすれば，十分理解可能であると思う．

周知のことであろうが，古くから知られている議論の1つに，"人間はすべて死ぬ．ソクラテスは人間である．ゆえに，ソクラテスは死ぬ．"というのがある．改めて言うまでもなく，この議論は論理的に正しいのだが，これまで述べてきた方法では，その正しさを証明することができないのである．そこで，このような議論を扱えるよう論理的技法を拡張しなければならない．第II

部・述語論理学が必要な理由の1つがここにある．

まず第8章では，単純文と呼ばれる最も単純な文が名前と述語から成ることを押さえた上で，名前の機能が特定の対象を"指示する"こと，また述語の特性は対象"について真である"（あるいは，"について偽である"）ことを理解する．そして，"文の真偽"は，名前の機能と述語の特性から導かれることが明らかになる．こうして，論理学における述語の優位性が理解できるのである．

第9章では，述語論理学の核心を構成する"限量"という概念が導入される．すなわち，述語が"すべて"の対象について成り立つのか，それとも，"いくつか"の対象について成り立つのか，を表わす文――一般に，限量文という――を形成する方法を学ぶ．そして，それらをさまざまな日常文へ応用したのが第10章である．

このようにして，われわれは述語論理学で扱う前提や結論を厳密に記号化できるようになった．通常はここで，――第I部の§3.3および§4.1のように――，形式的な"述語言語"の構文論を述べ，次いで意味論を展開するのであるが，私はそれを最後の第13章に回すことにした．その順序に従うことは，これまで学習してきた読者のリズムを壊してしまう恐れがあるからである．その上，この段階まで学んできた読者が次のステップへ進むことができることを私は過去しばしば経験している．

そのステップが第11章・真理木である．この章では，前記のソクラテスの例などが扱えるよう，第I部第5章の方法に，新しい真理木を加える．また第6章と同様に，真理木を簡略化して述語論理のための"タブロー"を導く．さらに，続く第12章も前章と同様に，第I部第7章の自然演繹を拡張したものである．

これら2つの章で私が用いた方法には，類書と異なるところがある．それは，第II部の"論理式"をテクニカルな意味での"文"に限定したことである．そうすることにより，真理木の規則はもちろんのこと，自然演繹の各ステップに登場する"式"もすべて真理値をもつことになって，演繹規則の理解が容易になるからである．（もちろん，このように限定することによって，扱う論理式の範囲が狭められることはやむを得ない．けれども，実際的という点と，理解の容易さという点の2点において，得るところのほうが遥かに大きいのである．本書では一般性と厳格性をある程度犠牲にしている．ちなみに，煩雑さを

避けて引用符の使用を控えめにし，誤解の生じる恐れがない限り，記号をオートニム（自分の名前）として用いることがある．）

最後の13章は，これらのことを考慮して述語言語の構文論と意味論を述べる．すなわち，この言語の文を定義し，第4章を拡張した解釈を述べる．つまり，名前の機能と述語の特色を基に，順次，文の形式に応じてその真偽を定義し，最後に，前記ソクラテスの例のような議論の論理的妥当性の概念に到達する．こうして，本書の初期の目的は一応達成されるのである．

なお，無矛盾性や完全性は言うに及ばず，同一性にも記述にも触れなかったのは心残りであるが，それは，時間的余裕がないのと1日も早く原稿を完成させたいという思いから止むを得ず省いたのであって，他に意図はない．読者は，巻末の参考文献を参照していただきたい．

＊　＊　＊

私は過去40年にわたり記号論理を教えてきたが，上述のような本書の内容と構成には，当然のことながら，それらの経験が反映している．授業に出席してくれたこれまでの，数多くの学生諸君に，まずお礼を述べたい．

次に，立正大学大学院文学研究科博士後期課程の阿部匡輔，小松伸二の両君にお礼を述べる．2人は，この原稿を教材にした授業に出席してくれたばかりか，原稿の作成段階から幾度もプリントを読み，誤記誤植などさまざまな問題を指摘してくれた．おかげで本書はずっと読みやすいものになった．

また，駒澤大学文学部非常勤講師の鈴木聡君は，貴重な研究時間を割いて原稿全体と校正刷に目を通し，詳細なコメントを寄せてくれた．おかげで多くの誤りが正されることになった．同君の助力に厚くお礼申し上げる．もちろん，なお誤りや不備があるかもしれないが，それらの責任は私1人が負うべきものである．

最後に，長年に亘る富岡　勝氏のご厚誼に対し衷心よりお礼を申し上げる．本書が上梓されるに至ったのは，ひとえに同氏のご厚意の賜物である．ここに記し，重ねて謝意を表したい．

2005年8月15日　　　　　　　　　　　　　　　　　藤村　龍雄

よくわかる記号論理

目　次

まえがき

I　命題論理学

第1章　論理学とは何か ……………………………………… 3
　　§1.1 議論　*3*　　　§1.2 "論理的に正しい"議論　*7*
　　§1.3 前提・結論の真偽　*9*　　　§1.4 議論の形式　*11*
　　§1.5 妥当な議論形式　*14*　　　§1.6 妥当性と健全性　*16*
　　§1.7 議論の形式と文の形式　*18*

第2章　文の形式と意味（I） ……………………………………… 19
　　§2.1 否定　*19*　　　§2.2 連言　*26*　　　§2.3 選言　*29*
　　§2.4 等値な文　*35*　　　§2.5 シェファーの縦棒　*36*

第3章　文の形式と意味（II） ……………………………………… 41
　　§3.1 条件法　*41*　　　§3.2 双条件法　*50*　　　§3.3 命題
　　言語の構文論　*53*　　　§3.4 議論の形式化　*60*
　　§3.5 文と言明と命題　*62*

第4章　論理的妥当性 ……………………………………… 65
　　§4.1 命題言語の意味論　*65*　　　§4.2 論理的帰結――議
　　論形式の妥当性　*68*　　　§4.3 恒真――論理式の妥当性　*72*
　　§4.4 反例法　*81*

第5章　真理木 ……………………………………… 87
　　§5.1 符号付き論理式　*87*　　　§5.2 否定の真理木　*88*
　　§5.3 連言の真理木　*90*　　　§5.4 選言の真理木　*93*
　　§5.5 条件法の真理木　*95*　　　§5.6 双条件法の真理木　*96*

第6章 真理木からタブローへ ……………………………… 101
　§6.1 真理木の簡略化　101　　§6.2 真理木からタブローへ　109

第7章 自然演繹 ……………………………………………… 115
　§7.1 ∧についての推論規則　116　　§7.2 ∨についての推論規則　118　　§7.3 →についての推論規則　120　　§7.4 ¬についての推論規則　124　　§7.5 矛盾についての推論規則　126　　§7.6 排中律　127　　§7.7 推論規則の相互導出可能性　128　　§7.8 双条件法について　130　　§7.9 決定可能性　132

II　述語論理学

第8章 文の内部構造 ………………………………………… 137
　§8.1 命題論理学の限界　137　　§8.2 文と名前と述語　140　　§8.3 述語の特性　143　　§8.4 述語と名前の表記　144

第9章 述語から文へ ………………………………………… 147
　§9.1 名前の代入　147　　§9.2 述語量の限定　148　　§9.3 普遍記号と存在記号の関係　151

第10章 さまざまな限量文 …………………………………… 155
　§10.1 2項述語の限量　155　　§10.2 定言文の現代表記　160　　§10.3 日常文の記号化　166

第11章 真理木 ………………………………………………… 173
　§11.1 普遍限量の真理木　173　　§11.2 存在限量の真理木　178　　§11.3 2項述語を含む限量文の真理木　182　　§11.4 真理木からタブローへ　185

第12章　自然演繹 …………………………………… *189*

§12.1 ∀についての推論規則　*189*　　§12.2 ∃についての推論規則　*192*　　§12.3 2項述語を含む限量文の演繹　*194*　　§12.4 3つの論理　*198*

第13章　述語言語 …………………………………… *199*

§13.1 自由変項と束縛変項　*199*　　§13.2 述語言語の構文論　*203*　　§13.3 述語言語の意味論　*206*

参考文献 ……………………………………………………… *215*
練習問題解答 ………………………………………………… *221*

I 命題論理学

第1章 論理学とは何か

　論理学の課題は，一口で言えば，議論が論理的に正しいか否かを体系的に判定することである．もちろん，こう言ったからといって，初学者には，特に何かが明らかになったわけではあるまい．むしろ，わからないことがいっそう増えただけかもしれない．例えば，ここで言われている議論とはどういうものを指すのか，議論が論理的に正しいとはどういうことなのか，さらには，それを体系的に判定するとはどういうことか，こういう疑問が生じてこよう．それゆえ本章では，これらについて簡単な説明を行ない，次章以下の準備としよう．

§1.1　議論

　われわれは普段，政治や経済，スポーツや芸能などさまざまな事柄について人とよく議論をする．だから，議論がどのようなものであるかは熟知しているはずである．けれども，では議論とは何かと改めて問われたなら，答えに窮するかもしれないし，人によって意見が大きく異なるかもしれない．われわれはとりあえず次のように答えておこう．幾つかの理由を基に，1つの主張を行なうことを**議論**という．

　このような見方に対して，もちろん直ちに新たな疑問を提起することができる．例えば，理由とは何か，主張とは何か，がそれである．しかし，このように問いを立てていくことは，論理学の学習にとって益するものは少ない．重要なのは，主張に根拠があることを示すのが議論の役割である，ということを理解しておくことである．ここでいう議論は，常に理由を明示し，その下である

主張の正しさを論証すること，つまり，**推論**なのである．論理学では，この理由のことを**前提**，その主張を**結論**と呼び，さらに，推論が行なわれたことの印として，"それゆえ"とか，"だから"とか，"ゆえに"などの言葉を用いるのである．

　こういうわけで，本書でいう議論とは，

> 幾つかの前提
> "ゆえに"という言葉
> 結論

(表 1.1.1)

という"図形"にまとめられるもののこととする．言い換えれば，このような"型"にまとめられるものは，いずれも"議論"と見なすことにするのである．すると，

【例1】ナポレオンがフランス人であるならばナポレオンはヨーロッパ人である．
　　　ナポレオンはフランス人である．
　　　ゆえに，
　　　ナポレオンはヨーロッパ人である．

【例2】ナポレオンはフランス人である．
　　　ナポレオンがフランス人であるならばナポレオンはヨーロッパ人である．
　　　ゆえに，
　　　ナポレオンはヨーロッパ人である．

が共に議論であることは明らかであろう．その上，【例2】は【例1】の前提を入れ替えただけであるから，【例1】と【例2】を"同じ"議論と見なすのが自然であろう．つまり，"前提の順序"は，"議論の内容に影響しない"ということである．

【注1】すでに気がついたことと思うが, "前提" という言葉には, 2つの意味がある. 1つは, "個々の" 前提を指す場合であり, もう1つは, 前提 "全体" を指す場合である. "前提の順序" というのは, 後者の意味での, "集合としての前提" のことである. なお, 実際の場面では, 両者の区別にはなんの困難も生じない.

"議論" をこのように "図式化" して捉えることには, 少なくとも2つの利点がある. 1つは, "議論とは何か？" という "哲学的" 難問を (少なくとも当分の間) 回避できること. もう1つは, そうすることで, 直ちに論理学の核心部に向かうことができることである.

【例3】次節以下の考察をスムーズに行なうため, 議論の例を少し挙げておく.

 （A） ナポレオンがフランス人であるならばナポレオンはヨーロッパ人である.
    ナポレオンはフランス人である.
    ゆえに,
    ナポレオンはヨーロッパ人である.

 （B） ナポレオンがドイツ人であるならばナポレオンはヨーロッパ人である.
    ナポレオンはドイツ人である.
    ゆえに,
    ナポレオンはヨーロッパ人である.

 （C） ナポレオンがドイツ人であるならばナポレオンはアジア人である.
    ナポレオンはドイツ人である.
    ゆえに,
    ナポレオンはアジア人である.

 （D） ナポレオンがフランス人であるならばナポレオンはヨーロッパ人であ

る.
ナポレオンはヨーロッパ人である.
ゆえに,
ナポレオンはフランス人である.

(E) ナポレオンがドイツ人であるならばナポレオンはヨーロッパ人である.
ナポレオンはヨーロッパ人である.
ゆえに,
ナポレオンはドイツ人である.

(F) ナポレオンがドイツ人であるならばナポレオンはヨーロッパ人である.
ナポレオンはドイツ人ではない.
ゆえに,
ナポレオンはヨーロッパ人ではない.

(G) ナポレオンがフランス人であるならばナポレオンはアジア人である.
ナポレオンはフランス人ではない.
ゆえに,
ナポレオンはアジア人ではない.

(H) ナポレオンがドイツ人であるならばナポレオンはヨーロッパ人である.
ナポレオンはヨーロッパ人ではない.
ゆえに,
ナポレオンはドイツ人ではない.

(I) ナポレオンがフランス人であるならばナポレオンはアジア人である.
ナポレオンはアジア人ではない.
ゆえに,
ナポレオンはフランス人ではない.

(J) ナポレオンがドイツ人であるならばナポレオンはアジア人である．
　　 ナポレオンはアジア人ではない．
　　 ゆえに，
　　 ナポレオンはドイツ人ではない．

(K) ナポレオンはフランス人であるか，またはナポレオンはドイツ人である．
　　 ナポレオンはフランス人ではない．
　　 ゆえに，
　　 ナポレオンはドイツ人ではない．

(L) ナポレオンはドイツ人であるか，またはナポレオンはヨーロッパ人である．
　　 ナポレオンはドイツ人である．
　　 ゆえに，
　　 ナポレオンはヨーロッパ人ではない．

(M) ナポレオンはドイツ人であるか，またはヒトラーはフランス人である．
　　 ナポレオンはドイツ人である．
　　 ゆえに，
　　 ヒトラーはフランス人である．

【参考文献】本節の例は，巻末の参考文献 [25] の例文にヒントを得ている．

§1.2 "論理的に正しい" 議論

"議論"を前節で述べた広い意味に取ると，議論には，例えば，取るに足りないもの，自明なもの，曲がりくねったもの，実際には決して行なわれることがないようなものなど，さまざまなものが含まれることになるが，論理学が議論に対して抱く関心は，ただ1つ，

(1.2.1) 議論が論理的に正しいか否か

という点にある．(このことは常に肝に銘じておかねばならない．これを忘れると，以下の叙述，特に第4章以下のいくぶん技術的な叙述にまったく興味がもてなくなる．)

　では，議論が論理的に正しいとはどういうことであろうか？　こう問われたとき，多くの人は，

(1.2.2) 与えられた前提から当の結論が論理的に出てくるならば，
　　　　議論は論理的に正しい

と答えるのではなかろうか．そして，これは事実正しいのである．というよりも，これは，"論理的に正しい議論"というものについてわれわれが抱いている"日常的な理解"である，というほうが適切であろう．

【練習問題1】§1.1の【例1】と【例2】が，上の(1.2.2)の意味で論理的に正しいことを，各自，"実感"しなさい．

【注1】上の【練習問題1】に限らず，第1章の練習問題に正解できなくても少しも心配する必要はない．それらについては，次章以下で，再びなんらかの形で言及する．

　もちろん，これで問題が終わるのではない．それどころか，(1.2.2)は，問題の始まりなのである．(1.2.2)は誰にも理解できると言ってよいであろうが，改めて，

(1.2.3) 前提から結論が"論理的に出てくる"とはどういうことか？

と問われたら，どうであろう．すぐには，答えに窮するのではあるまいか．上の(1.2.2)でなによりも問題なのは，具体的な議論が与えられたとき，それが論理的に正しいか否かを，(1.2.2)によっては判定できないことである．それゆえ，議論が"論理的に正しい"ということの"意味"を明確な言葉で言い直すことが必要なのである．

§1.3　前提・結論の真偽

前節§1.2の (1.2.2) によれば,

  (1.3.1)　与えられた前提から当の結論が論理的に出てくる

なら,

  (1.3.2)　議論は論理的に正しい

ことになるが, (1.3.1) には, 前提・結論の真偽については何も触れられていない. そのため, (1.3.1) は理解できても, その理解は直観的なものにとどまらざるをえない. 他方, (1.3.2) の意味を検討する場合には, 前提と結論の真偽に着目するのが, きわめて自然であろう. 例えば, 前節§1.2の【練習問題1】によれば,【例1】すなわち,【例3】の (A) は, (1.3.1) の意味で, 論理的に正しい議論であった. その上, 前提も結論もみな真であることは, 常識に属することであろう. では,

  (1.3.3)　前提と結論がすべて真である議論は論理的に正しい, と言ってよいであろうか？

明らかに,

  (1.3.4)　否

である. 前提も結論もすべて真でありながら, その前提から結論が"論理的には出てこない"議論がいくらでも存在するからである. 例えば, §1.1の【例3】の (D) がそれである. また, 同じ【例3】の (C) は, 結論は明らかに偽であるが, (1.3.1) の意味で論理的に正しいと言ってよい. だから, 論理的に正しい議論と前提・結論の真偽関係について言えることは, 次のことだけである.

  (1.3.5)　前提がすべて真でありながら結論が偽である議論は論理的に正しくない.

なぜなら, 真な前提から偽な結論が出てくるような議論を, われわれは, 論理的に正しいとは考えないからである. 前提・結論の真偽と議論の論理的正しさの関係は, 上の事実 (1.3.5) を考慮すると, 次の (表1.3.1) のようになる.

前提	結論	議論	ケース	例
すべて真	真	論理的に正しい	(i)	
		論理的に正しくない	(ii)	
すべて真	偽	論理的に正しくない	(iii)	
幾つか真 幾つか偽	真	論理的に正しい	(iv)	
		論理的に正しくない	(v)	
幾つか真 幾つか偽	偽	論理的に正しい	(vi)	
		論理的に正しくない	(vii)	
すべて偽	真	論理的に正しい	(viii)	
		論理的に正しくない	(ix)	
すべて偽	偽	論理的に正しい	(x)	
		論理的に正しくない	(xi)	

(表 1.3.1)

【練習問題 1】§1.2 の (1.2.2) を用いて，§1.1【例 3】の (A) 〜 (M) のうちどれが，上の (表 1.3.1) のケース (i) 〜 (xi) のどれに当てはまるか述べなさい．また，該当する例が見当たらない場合は，各自，適当な例を作りなさい．

この (表 1.3.1) から直ちにわかることは，議論の正しさと前提・結論の真偽とは直結しないということである．もちろん，両者がまったく無関係というわけではない．なぜなら，われわれが議論を行なうのは，真な前提から出発して（あるいは，真と仮定して），真な結論に到達するためなのだから．

ところで，(表 1.3.1) をよく見ると，

(1.3.6) 論理的に正しい議論においては，前提がすべて真なら，結論は必ず真である

という事実に気がつくであろう．これは，われわれが抱いている，

(1.3.7) 真な前提から "論理的に出てくる" 結論は真である

という常識的理解を言い換えたものである．また，(1.3.6) はこうも表わせる．

  (1.3.8) 論理的に正しい議論においては，もし結論が偽なら，前提の中に偽なものが必ず存在する．

なぜなら，"論理的に出てくる"結論が，もしも偽なら，前提が間違っている（偽である）に違いないからである．"論理的に出てくる"ということは，"プロセスは正しい"ということであるから，もし結論が偽であるとしたら，その原因としては，前提の中に間違っている（偽である）ものが含まれている，ということしか考えられないのである．

 このように，論理的に正しい議論と前提・結論の真偽とは，"直結はしない"けれども，それらの間には"密接な"関係が存在するのである．では，それらはどのようなものであろうか．節を改めて考えてみることにする．

§1.4 議論の形式

 これまではもっぱら前提・結論の真偽，つまり議論の"内容"を考慮してきたが，それによっては，議論の"論理的正しさ"は捉えられなかった．他方，(表1.3.1) から，"論理的に正しい議論"について2つの事実 (1.3.6) と (1.3.8) が得られた．すると，これらの事実を導きだせるような，"論理的に正しい"の定義が見つかれば，当面の目標は達成されたと言えるだろう．幸い，ヒントはすぐ手近な所にある．すなわち，視点を換えて，議論の"形式"に着目すればよいのである．

 そこで，再び§1.1の【例3】を取り上げよう．まず，"ゆえに"という言葉の代わりに，記号"∴"をその省略として用いることにする．次に，理解を容易にするため，例を (A) 〜 (J) に限定することにする．

 さて，3つの議論 (A) 〜 (C) を見ると，それらに"共通な形式"として

(形式 I)

    p ならば q
    p
    ∴   あるいは， p ならば q, p ∴ q

　　　　　q
　　　（形式Ⅰa）　　　　　　　　　　　　（形式Ⅰb）

を"抽出"できよう．実際，（形式Ⅰ）を基本に考えれば，3つの議論（A）～（C）は（形式Ⅰ）の"代入例"と見ることができる．例えば，pに"ナポレオンはフランス人である"，qに"ナポレオンはヨーロッパ人である"を代入すると，（A）が得られる．

【注1】日本語では文脈によって格助詞"は"と"が"が入れ替わることがあるが，内容には変化は生じないので，以下でも，このような相違は"形式の抽象化"に当たっては無視する．

　同様に，3つの議論（H）～（J）から，それらに"共通な形式"として，

（形式Ⅱ）
　　　　pならばq
　　　　qでない
　　　　∴　　　　　　　　あるいは，　pならばq，　qでない　∴　pでない
　　　　pでない
　　　（形式Ⅱa）　　　　　　　　　　　（形式Ⅱb）

を抽出できる．また，（H）～（J）が，この形式の代入例であることも明らかであろう．例えば，pに"ナポレオンはドイツ人である"，qに"ナポレオンはアジア人である"を代入すると，（J）が得られる．
　他方，2つの議論（D）と（E）に共通な形式として，

（形式Ⅲ）
　　　　pならばq
　　　　q
　　　　∴　　　　　　　　あるいは，　　pならばq，　q　∴　p

　　　　p
　（形式Ⅲa）　　　　　　　　　　　（形式Ⅲb）

を取り出せることも，さらに，議論（F）と（G）に共通な形式として，

（形式Ⅳ)
　　　　pならばq
　　　　pでない
　　　　∴　　　　　　　　あるいは，　　pならばq，　pでない　∴　qでない
　　　　qでない
　　（形式Ⅳa）　　　　　　　　　　　　　　（形式Ⅳb）

を取り出せることも容易に理解できよう．
　以上のことから，
　　（1.4.1）　議論（A）〜（C）が論理的に正しいのは，それらが（形式Ⅰ）をもつからである

と言えそうであるし，同様に，
　　（1.4.2）　議論（H）〜（J）が論理的に正しいのは，それらが（形式Ⅱ）をもつからである

と言えそうである．では，
　　（1.4.3）　（形式Ⅰ）や（形式Ⅱ）をもつ議論は，なぜ論理的に正しいと言えるのだろうか？

また，
　　（1.4.4）　（形式Ⅲ）や（形式Ⅳ）をもつ議論については，どのようなことが言えるのだろうか？

そもそも，
　　（1.4.5）　議論形式は，論理学において，どのような特性と役割をもつのだろうか？

こういった疑問も浮かんでこよう．それらについては，次節で考えることにする．

【練習問題1】§1.1の【例3】の残りの（K）〜（M）から，どのような形式が抽出できるか，各自，試みなさい．

§1.5 妥当な議論形式

　抽象的な議論にもだいぶ慣れてきたと思われるので，この節では，いわば，"上から"，いくぶん形式的な"定義"めいたものから始める．
　（形式I）と（形式II）は，§1.1の【例3】の（A）〜（C）と（H）〜（J）からわかるように，
　　　(1.5.1)　その代入例である具体的な議論の前提がすべて真のとき，その結論は常に真である
という特性をもっている．他方，（形式III）と（形式IV）は，（D）〜（E）と（F）〜（G）からわかるように，
　　　(1.5.2)　その代入例である具体的な議論の前提がすべて真であっても，結論が偽な事例がある
という特性をもっている．論理学では，
　　　(1.5.3)　特性(1.5.1)をもつ議論形式は論理的に妥当である
といい，他方，
　　　(1.5.4)　特性(1.5.2)をもつ議論形式は論理的に妥当でない
という．こうして，われわれは，今や，
　　　(1.5.5)　議論は，論理的に妥当な議論形式をもつなら，論理的に正しい
と定義し，また，
　　　(1.5.6)　議論は，論理的に妥当な議論形式をもたないなら，論理的に正しくない
と定義できるのである．

【注1】誤解を未然に防ぐために，次のことを付言しておきたい．定義(1.5.4)によれば，（形式III）は論理的に妥当でない．他方，（形式III）は（D）と（E）に共通な形式である．つまり，（D）と（E）に共通な（形式III）は，論理的に妥当ではない．しかし，

"それゆえ，(D) と (E) は論理的に正しくない"，というのではない．注意を要するのはここである．(第Ⅱ部を学習すれば容易に納得できることであるが，)どのような議論も少なくとも2つの議論形式をもち得るのである．それゆえ，論理的に正しい議論も，論理的に妥当でない議論形式の代入例と考えることもできる．ポイントは，論理的に妥当な議論形式を"少なくとも1つ"もっているかどうかである．定義 (1.5.5) を丁寧に書けば，"議論は，論理的に妥当な議論形式を少なくとも1つもつなら，論理的に正しい"ということである．他方，定義 (1.5.6) を丁寧に書けば，"議論は，論理的に妥当な議論形式を1つももたないなら，論理的に正しくない"ということである．これを (D) と (E) について当てはめると，(D) と (E) は，論理的に妥当な形式を1つももたないので，論理的に正しくない，というわけである．

さて，これらの"定義"は，"論理的に正しい"議論についてわれわれが抱いている"常識的"理解と合致する．したがって，くだくだしく説明する必要はないであろうが，念のため，特に，定義 (1.5.5) と (1.5.6) の意味を，(形式Ⅰ) と (形式Ⅲ) に関して，いくぶん説明を加えておこう．

まず (形式Ⅰ) について．(A) が，この形式の代入例であること，また，論理的に正しい議論であることには，異存はあるまい．また，前提の中に偽なものがあっても，真な結論が"論理的に出てくる"ことはあり得るから，(B) が，この形式の代入例であり，また，"論理的に正しい"議論であることを認めるのに，それほど困難はなかろう．これに対して，(C) は，(形式Ⅰ) の代入例であることは容易に認められても，それを"論理的に正しい"と承認するのには，いくぶん抵抗があるかもしれない．というのは，結論が偽だからだ．けれども，"論理的に正しい議論"についての特徴 (1.3.8) を思い起こせば，その抵抗は除かれるはずである．さらに，(C) は，論理的妥当性の定義 (1.5.5) に対する**反例**ではないのである．ここで，反例というのは，特性 (1.5.2) で述べられている"事例"のことである．ちなみに，"反例"という概念を用いると，論理的妥当性・非妥当性の概念は簡潔に定義できることがわかる．まず，反例については，

  (1.5.7) 定義 (1.5.2) で述べられている事例を，論理的妥当性に対する反例という

と成文化しておく．次いで，これを用いると，論理的妥当性は，

(1.5.8) 反例をもたない議論形式は論理的に妥当である

と定義できる．したがって，論理的非妥当性についても，

  (1.5.9) 反例をもつ議論形式は論理的に妥当でない

と定義することができる．

　上の定義 (1.5.9) を用いると，(形式Ⅲ) が"論理的に妥当でない"ことは直ちに見て取れる．というのは，この形式には，(E) のような"反例"が存在するからである．つまり，この議論においては，2つの前提は共に真であるが，結論は偽である．

　こういうわけで，今や，

  (1.5.10) 議論が論理的に正しいか否かは，議論が論理的に妥当な議論形
  　　　　　式をもつか否か

にかかっている，と言うことができるのである．

　ところで，これまであたかも自明のように，議論に"共通の形式"なるものについて語ってきたが，そもそも"議論形式"とは何であろうか．また，議論形式の論理的妥当性・非妥当性をどのようにして判定するのであろうか．それらについて考える前に，まだ解決しておかねばならない問題が1つ残っている．

§1.6　妥当性と健全性

　論理的妥当性の定義 (1.5.3) あるいは (1.5.8) に従えば，§1.1【例3】の (A) 〜 (C) のすべてが"論理的に正しい"議論であることは理解できよう．しかし，(A) と，他の2つ (B) と (C) の間に違いがあることも事実ではなかろうか．こういう疑念を当初から抱いている読者も少なくないであろう．結論から先に言えば，両者の間に違いのあることは確かである．だが，その違いは論理学にとっては重要なものではない．それはこうである．

　今，

  (1.6.1) 論理的に正しく，その上，その前提がすべて真である議論は，
  　　　　 論理的に健全である

と定義するなら，(A) は明らかに，論理的に健全である．他方，(B) と (C) は論理的には正しいが，論理的に健全ではない．これは，明白な相違である．

§1.3の最後の段落でも述べたように，われわれが議論を行なうとき，"普通は"，あるいは"多くの場合"，前提が真であることを知っているのである．少なくとも，"真であると仮定"して議論を行なうのであって，前提が"偽であることを仮定"して議論を行なうことは，まずない．それゆえ，論理学は，議論の"論理的健全性"に焦点を絞るべきではないか——こういう主張が成り立ちそうでる．

しかし，その必要はない．確かに，論理的に健全な議論のほうが，単に論理的に正しい議論よりも"価値"があると言ってよい．けれども，個々の前提が真であるか偽であるかは論理学では決定できない．それは常識や他の諸科学の仕事である．これも論理学の任務であるとしたら，学問は論理学1個で足りることになろう．しかし，そのようなことはありえない．

ここで，§1.3で見た，"論理的に正しい"議論についての特徴 (1.3.6) を思い起こしてみよう．それによれば，

  (1.6.2) 議論が論理的に正しく，その上，前提がすべて真なら，その結論は必ず真である

ことが保証される．というよりも，この (1.6.2) は，実は，特徴 (1.3.6) を言い換えたものである．

それはともかく，上の (1.6.2) は，"論理的に健全な議論"の定義 (1.6.1) と実質的に同じである．元来，"論理的に正しい"議論とは，§1.2の (1.2.2) にあるように，与えられた前提から当の結論が"論理的に出てくる"議論のことである．そのような議論においては，前提がみな真であれば結論も必ず真なのである．定義 (1.6.1) やそのバリエーション (1.6.2) は，そのことを別の言葉で述べたものに過ぎない．それゆえ論理学では，議論が論理的に正しいか否かに焦点を絞ってよいのである．以下の叙述が，議論形式が論理的に妥当であるか否かに集中するのはこのためである．

【注1】偽であることを知った上で，そのことを"証明するために"，あえてそれを真と仮定し，矛盾を導き出すという証明法がある．いわゆる"背理法"である．（これについては，§4.4および§7.7の¶7.7.1を参照のこと．）

§1.7　議論の形式と文の形式

　§1.1でみたように，議論は，幾つかの前提，"ゆえに"という言葉，それに結論から成る．"ゆえに"という言葉には，改めて考察しなければならない特別の"意味"も"形式"もない．だから，われわれは数学の慣例に従って，それに記号"∴"を当てることにしたのである．すると，"議論の形式"は，前提の形式と結論の形式によって定まることになる．では，前提や結論の形式はどのようにして定まるのであろうか．

　言うまでもないことだが，前提や結論の真偽をわれわれは勝手に定めることはできない．その意味で，真偽はそれ自身で定まっているものである．これに対し形式は，それ自身で定まっているものではなく，§1.4で見たように，われわれが前提や結論から"抽出する"ものである．その限り，形式はわれわれが作り，前提や結論に当てはめるものである．前提や結論がどのような形式をもつかは，結局，どのような観点からわれわれがそれらを眺めるかにかかっているのである．

　すると，今や問題は，個々の前提や結論は何かということに尽きる．これは少なからず微妙な問題であるが，それらを**叙述文**——以下，単に**文**という——と見るのが最も自然であり，またわかりやすいであろう．（なお，第3章§3.5を参照のこと．）

　さて，個々の前提および結論を文とするとき，§1.4の（形式Ⅰ）～（形式Ⅳ）からも推察できるように，議論の形式は，それを構成する文の形式によって定まる．それゆえ，われわれの最初の課題は，前提および結論に用いられる文の形式を確定することである．これが第2章，第3章の仕事である．

　では，議論形式の論理的妥当性はどのようにして定まるのであろうか．それを組織的，体系的に行なうのが，実は，本書の主要課題であり，第Ⅰ部では，第4章以下でそれを行なう．

　予備的考察はこれくらいにして，もう本論に入る時期である．章を改める．

第2章 文の形式と意味（Ⅰ）

　議論の形式はつまるところ文の形式によって定まる．そして，形式を捉えるには，記号を用いるのが常道である．これが前章で学んだことである．
　では，文の形式にはどのようなものがあるのだろうか．それには，大きく分けて2つある．文と文の結合関係を表わすものと文の内部構造を表わすものである．第Ⅰ部では前者を扱い，第Ⅱ部では後者を扱う．
　文の結合関係というのは，一口で言えば，§1.4で見た"pならばq"のような，**結合詞**あるいは**結合記号**と呼ばれる"論理的"接続詞によって結合された文の間の関係のことである．まず，本章で3個，次章で2個，合計5個の結合詞を導入し，続く第4章以下で，それらによって結合された文の間のさまざまな論理関係を考察する．これが第Ⅰ部である．この部分は単に扱い易いだけでなく，それ自身独立した論理——通常，命題論理と呼ばれる——を形成しているので，この論理に習熟することによって，われわれは記号論理のエッセンスに触れることができる．その上，第Ⅱ部の述語論理学を理解するには，この第Ⅰ部の学習が欠かせない．こういうわけで，命題論理学から始めるのが常道である．

§2.1　否定

　Aを文とするとき，Aの**否定**を，記号￢を用いて，
　　（ⅰ）　￢A
と表わし，簡単に，

（ⅱ）　Aでない（not　A）

と読む．記号￢を否定の結合記号，または単に**否定記号**という．また，"…でない"という語を否定の結合詞という．なお，文Aを，否定￢Aの"原(もと)の文"，あるいは"原命題"ということがある．

【注1】"結合記号"は"結合詞"を記号化したものであるから，あえて両者に別の名称を用いる必要はない．つまり，必ずしも両者を区別する必要はないし，事実，区別しないことが多いが，本書では，適宜，使い分けることにする．

【注2】記号￢には特別の"読み方"はない．この記号は，元来，否定という"特定の作用とその結果"を表わすための記号であって，読み方は本質的なことではないからである．とはいえ，あればやはり便利なので，以下では，￢を，"not"，あるいは"でない"と読むことにする．

ところで，否定についてわれわれが抱いている"常識"によれば，文Aが真である場合には，その否定￢Aは偽であろうし，また文Aが偽である場合には，その否定￢Aは真であろう．

一般に，文がどのような条件の下で真であるか，あるいは偽であるかを文の**真理条件**というが，上に述べた常識によれば，"否定の真理条件"は次のようになる．

> 否定の真理条件：原の文が真であるとき，その否定は偽であり，
> 　　　　　　　　原の文が偽であるとき，その否定は真である．

否定の"意味"は上の真理条件に尽きるが，なお幾つか注意点を付け加えておく．まず，

◆2.1.1　否定は文全体にかかる

ことを注意しておく．

【例 1】数学では，"等しい"を記号＝で表わし，"等しくない"には記号≠を用いるが，論理学では，

　　　(a≠b) は¬(a=b) の省略である

と考える．(a=b) は，もちろん，"a は b に等しい"であり，これは文である．したがって，(a≠b) も文である．但し，それは，あくまでも"本来の"否定¬(a=b) の代用品にとどまる．

【注3】省略形 (a≠b) は，実際上は，きわめて便利な表現であり，現実にはこれを使わない手はない．【例1】は，あくまでも純理論上の話である．なお，記号を見やすくするため，随時，カッコを使用する．

　次に，

◆2.1.2　否定と反対は異なる

ことに注意しなければならない．

【例2】文
　　　(1)　ジョンはいつも遅刻する
の否定は，
　　　(2)　¬(ジョンはいつも遅刻する)
と表わされる．(2) は，例えば，
　　　(#)　ジョンはいつも遅刻する，とは限らない
と読まれる．他方，(1) の反対は，例えば，
　　　(3)　ジョンは一度も遅刻しない
であろう．明らかに，原の文 (1) が真なときは，その否定 (2) も，その反対 (3) も共に偽である．他方，原の文 (1) が偽なときは，否定 (2) は真であるが，反対 (3) は真とは限らない．たぶん偽であろう．というのは，たいていの人は多くの場合遅刻しないが，時には遅刻することもあるからである．

【注4】否定(2)の日本文には，上の(#)のほかに，例えば，
  (♭)　ジョンはいつも遅刻する，わけではない
というのも考えられよう．どれを採るかは論理学にとっては少しも重要ではない．大事なことは，否定の"意味"あるいは"内容"を正確に把握することである．
【注5】文(1)の否定として，
  (4)　ジョンはいつも遅刻しない
と述べることは適切ではない．(4)の内容が(#)なのか，それとも(3)なのか，あいまいだからである．要は，否定記号⌐の"便宜的"読みに惑わされないで，否定の"表記"と"内容"を区別し，後者が一義的に読み取れるような日本語"表現"を工夫することである．

　この例からもわかるように，原の文とその否定では，いずれか一方が真で，他方が偽である．両方とも偽ということはない．他方，原の文とその反対は，両方とも偽ということがあり得る．こういうことが生じるのは，原の文とその反対の間に，"中間の事態"が存在するからである．言い換えれば

◆2.1.3　中間のない反対が否定になる

のである．

【例3】文
  (1)　これは白い
と，その否定，
  (2)　⌐(これは白い)
および，その反対，
  (3)　これは黒い
の間の関係を，次のような"3色以上の絵具箱"

| 白 | …… | 青 | …… | 黒 |

で考えてみる．まず，白と黒の間に幾つか"中間"の色があるのがわかる．次に，白の右にある（白を除いた）黒までのすべての色は白くない，すなわち"非白"である．これが上の(1)の否定である．"白でない"からといって"黒であるとは限らない"のはこのためである．もちろん，"黒"が"白の反対"であることは，改めて言うまでもあるまい．すなわち，(1)の反対が(3)というわけである．この絵具箱から中間の色を全部取り除いてしまうと，

| 白 | 黒 |

の2色だけが残る．このとき，"反対"が"否定"と同じことになるのがわかる．また，"黒"が"白の否定"であるだけでなく，"黒の否定"が"白"であることも見て取れる．

こういうわけで，

◆2.1.4　一方が他方の否定であるならば，他方は一方の否定である

が成り立つ．これを別の言葉で表わしたのが，次の"2重否定の法則"

◆2.1.5　2重否定は原の文に等しい

である．
　この意味を理解しやすくするために，**真理値**と**真理表**というものを導入しよう．
まず，これまでの叙述から明らかなように，われわれは

◆2.1.6　あらゆる文は真（true）か偽（false）かのいずれかである

と考えている．次に，文の真偽を文の真理値といい，**真**という真理値を記号 T で，**偽**という真理値を記号 F で表わすことにする．また，上の（◆2.1.6）のような考え方を **2 値原理** という．われわれの論理が **2 値論理** と呼ばれるのは，このためである．

真理値を用いると，今や，"否定の真理条件"は，

A	¬A
T	F
F	T

（表 2.1.1）

のように"表示"できる．これを"否定の真理表"という．

念のために，この表の見方を説明しておこう．まず，2 値の原理により，文 A は真（T）という真理値をもつ場合と偽（F）という真理値をもつ場合の 2 つに分かれる．次いで，それらに応じて，否定 ¬A の真理値は，否定の真理条件に従って，それぞれ偽（F）および真（T）となる．こう言い換えてもよい．1 行目は考察する文を列挙したものである．次に，2 行目と 3 行目は，それぞれ左から右に見てゆく．すなわち，A が T のとき ¬A は F であり，A が F のとき ¬A は T である，と読むのである．

ところで，文 A の否定が ¬A であることは既に学んだが，この ¬A の否定は，当然，¬¬A となる．これを "A の 2 重否定" と呼ぶ．そして，その真理値は，上の真理表を適用して，次のように"計算"できる．

A	¬A	¬¬A
T	F	T
F	T	F

(表 2.1.2)

　この表の読み方は，これまでの叙述から明らかだろうと思うが，後の真理表の理解のために，あえて説明を加えておく．まず，A が真（T）なとき（2 行目 1 列），¬A は偽（F）である（2 行目 2 列）．このとき ¬¬A は真（T）となる（2 行目 3 列）．なぜなら，¬¬A は ¬A の否定であるから，¬A を原の文として，否定の真理表（表 2.1.1）を適用できるからである．他方，A が偽（F）なとき（3 行目 1 列），¬A は真（T）である（3 行目 2 列）．このとき ¬¬A は偽（F）となる（3 行目 3 列）．"2 重否定は原の文に等しい"（◆2.1.5）というのは，こういう意味である．2 重否定の法則は，"否定の否定は肯定である"と言われることがあるが，真理表を用いると，それも容易に理解できよう．

【例 4】2 重否定の法則を，白と黒の 2 色の絵具に当てはめてみると，下のようになろう．
　　　これは白い．
　　¬（これは白い）．　すなわち，これは黒い．
　¬（¬（これは白い））．　すなわち，これは白い．

　日常文の記号化　この節の最後に，いわゆる "否定文" の記号化を少し練習しておこう．大事なことは，"原の文" として，できるだけ単純な文を取ることである．但し，文についての厳密な定義は与えられていないので，何が単純な文であるかは，最終的には，各自の判断による．また，記号化した文を "適切な日本文" で表わすことも，それに劣らず重要である．これは，原の文を確

定することと表裏一体をなしている．なお，"日常文"は極めてニュアンスに富んでいるので，記号化することによって，それらが失われたり，"原義"がゆがめられたりする場合があろう．そのような場合には，何が失われ，何が変容したか，そもそも原義が何であるか，再吟味しなければならない．

【例5】否定文の記号化
- (1) "ジローは中学生ではない"の記号化は，"¬（ジローは中学生である）"となる．
- (2) "それは不可能である"の記号化は，"¬（それは可能である）"となる．
- (3) "それは不可能ではない"の記号化は，"¬（¬（それは可能である））"となる．
- (4) "光るもの必ずしも金ならず"の記号化は，"¬（光るものはすべて金である）"となる．

【練習問題1】次の"否定文"を，否定記号を用いて記号化しなさい．その際，2重否定と思われるものが，実際に，2重否定の法則と合致するか否か，慎重に考えなさい．
- (1) 彼女は不幸せである．
- (2) 彼女は不幸せではない．
- (3) それは違法である．
- (4) それは違法ではない．
- (5) 彼は誰にも負けない．
- (6) a は b より小さくない．（a，b は自然数を表わすものとする．）

§2.2　連言

AとBを文とするとき，
　　（ⅰ）　A かつ B　(A and B)
というタイプの文を，"AとBの**連言**"といい，記号∧を用いて，

(ii)　A∧B

と表わす．記号∧を連言の結合記号，または単に**連言記号**といい，その両側の文，AとBを**連言肢**という．また，"かつ"という語を連言の結合詞という．なお，記号∧を以下では，便宜上，"and"，または"かつ"と読むことにする．

【例1】次の5つの文，
　　　(3＜4) かつ (4＜5)
　　　(3＜4) そして (4＜5)
　　　(3＜4) そしてその上 (4＜5)
　　　(3＜4) また (4＜5)
　　　(3＜4) しかし (4＜5)
は，すべて
　　　(3＜4) ∧ (4＜5)
と表わされる．

　ところで，連言"——かつ……"の真偽はどのようにして定まるのであろうか．それは，結合詞"かつ"の意味から，おのずと明らかであるが，念のために具体例を1つ挙げておこう．

【例2】次の4つの文（むしろ"式"というほうが適切であろう），
　　　(2＋2＝4) ∧ (2＋3＝5)
　　　(2＋2＝4) ∧ (2＋3＝7)
　　　(2＋2＝6) ∧ (2＋3＝5)
　　　(2＋2＝6) ∧ (2＋3＝7)
のうち，1行目の文だけが真で，残りはすべて偽であることは，誰の目にも明らかだろう．

　このことから，次のような連言の真理条件，

> 連言の真理条件：連言は，2つの連言肢が共に真であるとき真で，
> それ以外の場合は偽である

が得られる．すると，"連言の真理表"はこうなる．

A	B	A ∧ B
T	T	T
T	F	F
F	T	F
F	F	F

(表 2.2.1)

日常文の記号化　【例1】や【例2】のような"数式"だけでなく，"日常文"にも連言として把握できるものがある．幾つかの例を見てみよう．

【例3】文"ジョンは出席する"をp，文"メアリーは出席する"をqと略記するとき，下記の (1) 〜 (4) の"式"は，その右側の"日本文"を**記号化**したものである．逆に，日本文は，左側の式の**翻訳**と見ることができる．
(1)　p∧q　　　　　ジョンとメアリーの両方が出席する．
(2)　¬(p∧q)　　　ジョンとメアリーの両方が出席する，ということはない．
(3)　¬p∧¬q　　　ジョンもメアリーも出席しない．
(4)　¬(¬p∧¬q)　ジョンもメアリーも出席しない，ということはない．

【練習問題1】上の【例3】と同じ条件で，次の"式"を日本語に"翻訳"しなさい．（ヒント：最初は"式"を，いわば"直訳"し，次いで，"自然な"日本語に仕上げる．）

 (1) p∧¬q
 (2) ¬p∧q
 (3) ¬(p∧¬q)
 (4) ¬(¬p∧q)

【練習問題2】適当なアルファベットを用いて，次の日本文を記号化しなさい．
 （注意：意味の"あいまいな"文の記号化は，1つとは限らない．なお，記号化が不可能な場合には，その理由を述べなさい．）

 (1) ジョンもメアリーも出席する．
 (2) ジョンとメアリーは出席しない．
 (3) ジョンとメアリーとビルが出席する．
 (4) ジョンは出席するが，メアリーとビルは出席しない．
 (5) ジョンは出席して，メアリーは出席しないが，ビルは出席する．
 (6) ジョンとメアリーは出席して，ビルは出席しない．
 (7) ジョンもメアリーも出席しないが，ビルは出席する．
 (8) ジョンとメアリーのどちらも出席しない．
 (9) ジョンもメアリーも出席しない，なんてことはない．
 (10) ジョンは出席せず，メアリーは出席して，ビルは出席しない．

§2.3 選言

AとBを文とするとき，
 （ⅰ） AまたはB （A or B）
という形式の文を，"AとBの**選言**"といい，記号∨を用いて，
 （ⅱ） A∨B
と表わす．記号∨を選言の結合記号，あるいは単に**選言記号**といい，その両側の文，AとBを**選言肢**という．また，語"または"を選言の結合詞という．記号∨はラテン語の"vel"に由来する．なお以下では，この記号を便宜上，

"or", あるいは "または" と読むことにする.

【例1】a, b を整数とする. 誰でも知っているように,
  a≦b は, a＜b または a＝b の省略である
が, この
  a＜b または a＝b
を
  (a＜b)∨(a＝b)
と表わすのである.

【例2】a, b を整数とする.
  a×b＝0 であるのは,
  a＝0 または b＝0, または a＝b＝0 の場合である
が, この
  a＝0 または b＝0, または a＝b＝0 の場合である
を
  (a＝0)∨(b＝0)
と表わすのである.

ところで, 連言 "——かつ……" の真偽が "かつ" から定まるように, 選言 "——または……" の真偽も, 基本的には, "または" の意味から定まるのだが, 事情は少し複雑である. 選言には, 実のところ, 2つの種類がある. "∨" で表わす選言はそのうちの1つである. そこで, 次の例を考えてみる.

【例3】(3≦2) は (3＜2)∨(3＝2) の省略であるが,
  (1) (3＜2) は偽であり,
  (2) (3＝2) は偽である.
ゆえに,
  (3) (3＜2)∨(3＝2) は偽である.

この例を一般化して，

> ◆2.3.1 2つの選言肢が共に偽であるなら，選言は偽である

と考えてよいだろう．では，選言は，どのような場合に真なのだろうか．1つの考え方は，"偽でない場合はすべて真である"というものである．すると，

> 選言の真理条件：選言は，2つの選言肢が共に偽のとき偽で，それ以外の場合は真である

が得られる．そして，これを表にすると，

A	B	A ∨ B
T	T	T
T	F	T
F	T	T
F	F	F

(表 2.3.1)

となる．これが，"選言の真理表"である．念のために付け加えれば，

◆2.3.2 2つの選言肢のうち，少なくとも1つ（場合によっては両方）が真であるとき，選言は真である

というのが，選言 "―∨……" の意味である．

日常文の記号化　選言も，連言と同様に，"数式"の記号化に役立つだけでなく，日常文の構造を理解する上でも，大きな役割を果たす．具体例を見てみよう．

【例4】文 "ジョンは出席する" を p, 文 "メアリーは出席する" を q とするとき (1) 〜 (4) の式は，その右側の日本文を記号化したものである．
 (1)　p∨q　　　　　ジョンとメアリーのうち，どちらかは出席する．
 (2)　¬p∨¬q　　　ジョンとメアリーのうち，どちらかは出席しない．
 (3)　¬(p∨q)　　　ジョンとメアリーのうちどちらかが出席する，ということはない．
 (4)　¬(¬p∨¬q)　ジョンとメアリーのうちどちらかが出席しない，ということはない．

【練習問題1】上の【例4】と同じ条件で，(1) 〜 (4) の式を日本文に翻訳しなさい．
 (1)　p∨¬q
 (2)　¬p∨q
 (3)　¬(p∨¬q)
 (4)　¬(¬p∨q)

【練習問題2】適当なアルファベットを用いて，次の日本文を記号化しなさい．
 （注意：意味の "あいまいな" 文の記号化は，1つとは限らない．なお，記号化が不可能な場合には，その理由を述べなさい．）
 (1)　ジョンかメアリーが出席する．
 (2)　ジョンかメアリーか，どちらかは出席する．

(3)　ジョンかメアリーか，どちらかが出席する．

(4)　ジョンかメアリーか，どちらかは出席しない．

(5)　ジョンかメアリーか，どちらかが出席しない．

(6)　ジョンかメアリーが出席しない．

(7)　ジョンが出席しないかメアリーが出席しない．

(8)　ジョンかメアリーかビルが出席しない．

(9)　ジョンが出席するか，あるいはメアリーかビルが出席しない．

¶2.3.1　排反的選言

　われわれの選言が真であるケースには，真理表（表2.3.1）や（◆2.3.2）からわかるように，2つの選言肢が共に真である場合も含むので，記号∨で表わされる選言は，"包含的"選言と呼ばれることがある．また，そのような場合を排除しないので，"非―排反的"選言と呼ばれたりもする．つまり，

　　(1)　A∨B

は，

　　(2)　AとBのうち少なくとも一方，場合によっては両方

の意味である．他方，"AまたはB"には，

　　(3)　AとBのうちいずれか一方，かつ一方に限る

という意味の"または"も考えられる．(3)のような選言を"排反的"選言といい，例えば，記号∨̲を用いて，

　　(4)　A∨̲B

と表わす．排反的選言の真理表が

A	B	A ∨̲ B
T	T	F
T	F	T
F	T	T
F	F	F

(表2.3.2)

となることは，上の (3) から明らかであろう．

【例5】次のようなレストランのメニューは"排反的"である．
 (1) パンまたはライス（を供します.)
 (2) コーヒーまたは紅茶（を供します.)

【例6】次の選言も"排反的"であろう．
 (1) 海か山へ連れて行く．(子供に対する親の"約束")
 (2) 歌舞伎を観に行くか，またはレストランでフレンチのフルコース．(デートの"約束")

【練習問題3】次の文が"選言"で表わされることは確かであるが，∨と∨のうち，どちらを用いるのが適当であるか述べなさい．
 (1) ジョンとメアリーのうち，どちらかは出席する．
 (2) ジョンとメアリーのうち，どちらかが出席する．
 (3) ジョンかメアリーか，どちらかは出席する．
 (4) ジョンかメアリーか，どちらかが出席する．

上の例が示すように，排反的選言も，包含的選言と同じようによく用いられるけれども，それを"基本的"なものとして採用する必要はない．というのは，

> ◆2.3.3 (A∨B) は，(A∨B)∧¬(A∧B) の省略である

と見ることができるからである．

§2.4 等値な文

3つの結合記号￢，∧，∨を本章で導入したのは，それらを用いて"結合した"文の間に，次のような"等値"関係が存在するからである．まず，

> ◆2.4.1　2つの文が常に同じ真理値をもつとき，それら2つの文は等値である

という．2つの文が同じ真理値をもつということは，一方が真なら他方も真であり，一方が偽なら他方も偽である，ということである．したがって，われわれは好きなときに好きなように，一方を他方で置き換えてもよいはずである．なぜなら，両者は"同じこと"を表現しているのだから．こうしてわれわれは，等値な文のうちで，より簡潔なものや口調の滑らかなもの，さらには直観的により明瞭な文を用いることができるのである．言うまでもなかろうが，2つの文が等値か否かは，例えば，真理表によって判定できる．

【例1】文"ジョンは出席する"をp，文"メアリーは出席する"をqとするとき，次の2つの文
　　(1)　ジョンとメアリーの両方が出席することはない
　　(2)　ジョンとメアリーのうちどちらかが出席しない
は，それぞれ
　　(3)　￢(p∧q)
　　(4)　￢p∨￢q
と記号化される．他方，下の真理表の最後の2列から，(3)と(4)が常に同じ真理値をもつことが読み取れる．

p	q	¬p	¬q	p∧q	¬(p∧q)	¬p∨¬q
T	T	F	F	T	F	F
T	F	F	T	F	T	T
F	T	T	F	F	T	T
F	F	T	T	F	T	T

(表 2.4.1)

したがって,

(5) ¬(p∧q) と ¬p∨¬q は等値である

ことがわかる．この意味で,

(1) と (2) は同じ内容を表わしている

のである．

【練習問題1】文"ジョンは出席する"を p, 文"メアリーは出席する"を q として，(1) 〜 (6) の式を日本文に翻訳しなさい．また，等値関係にあるものを挙げなさい．

(1) p∨q　　　　(4) ¬(¬p∨¬q)
(2) ¬(p∨q)　　(5) ¬(¬p∧¬q)
(3) p∧q　　　　(6) ¬p∧¬q

【練習問題2】A$\underline{\vee}$B と (A∨B)∧¬(A∧B) が等値であることを示しなさい．

§2.5　シェファーの縦棒

¶2.5.1　真理関数

前節の等値関係において決定的な役割を果たしたのは，真理値であった．等値とは，文字通り，真理"値が等しい"ということである．

ところで，その真理値のみに着目して否定，連言および選言を眺めてみると，それらが1種の**関数**であることに気づく．すなわち，変数の値も関数の値も共に真理値である関数である．このような関数を**真理関数**という．例えば，否定¬A は，A を変数と見て，A が真のとき，その値として偽を取り，A が偽のときは，その値として真をとる関数と見ることができるのである．連言および選言についても同じように理解することができる．また，次章で導入する条件法および双条件法も真理関数である．

　さて，前節までの叙述からも容易に察しがつくように，

　　(1)　　A∨B と ¬(¬A∧¬B) は等値である

ことや，

　　(2)　　A∧B と ¬(¬A∨¬B) は等値である

ことは，真理表で確認できる．それゆえ，これらの結果を利用して，それぞれ，

　　(3)　　A∨B は ¬(¬A∧¬B) の省略である

および

　　(4)　　A∧B は ¬(¬A∨¬B) の省略である

と"定義する"ことができる．

　ところで，定義 (3) と (4) を改めて眺めてみると，選言は否定と連言によって，また連言は否定と選言によって，それぞれ，表わされているのがわかる．つまり，これらの定義においては，いずれも否定がなお基本概念として用いられているのである．

　では，"否定"を定義することはできないのであろうか．この疑問に答えてくれるのが"シェファーの縦棒"と呼ばれる結合記号である．

¶2.5.2　両否定

　A と B を文とするとき，

　　(ⅰ)　　A でも B でもない（neither A nor B）

という文を，A と B の**両否定**（joint denial）といい，記号↓を用いて，

　　(ⅱ)　　A↓B

と表わす．記号↓をシェファーの縦棒といい，便宜上，"nor"と読む．

　両否定の真理条件は，(ⅰ) から，次のようになる．

> 両否定 A↓B の真理条件：A↓B は，A と B が共に偽であるとき真
> で，それ以外の場合は偽である．

【注1】"両否定"という訳語は，定訳ではなく，暫定的なものである．

また，真理条件を表示すれば，次のようになろう．

A	B	A↓B
T	T	F
T	F	F
F	T	F
F	F	T

(表 2.5.1)

【注2】両否定 A↓B は選言 A∨B の否定である．このことは真理条件からもわかるのだが，真理表によると，視覚的に一層容易に見て取れる．これが"図表"の利点であろう．

否定，連言および両否定の真理表を用いると，次のことは容易に確かめることができる．
 (1) ¬A と A↓A は等値である．
 (2) A∧B と (A↓A)↓(B↓B) は等値である．

【注3】上の (1) と (2) から，次のような定義が可能になる．
 (3) ¬A は A↓A の省略である．

(4)　　A∧B は (A↓A)↓(B↓B) の省略である．

【練習問題1】選言 A∨B を ↓ を用いて表わしなさい．

¶2.5.3　選否定

　A と B を文とするとき，
　　（ⅰ）　A でないかまたは B でない　（either not-A or not-B）
を A と B の**選否定**（alternative denial）といい，記号 | を用いて，
　　（ⅱ）　A | B
と表わす．記号 | もシェファーの縦棒といい，便宜上，"nand" と読む．

【注3】"選否定" という訳語は，定訳ではなく，暫定的なものである．なお，記号 | は一般に，"シェファー・ストローク" という名で知られている．

　選否定の真理条件は，（ⅰ）から，次のようになる．

　　選否定 A | B の真理条件：A | B は，A と B が共に真のとき偽で，それ以外の場合は真である．

【注4】選否定 A | B は，連言 A∧B の否定である．以前は，連言を "AB" のように，文字を併記していたので，これを否定する意味で，縦棒が用いられ，それが現在に至っているのである．

　選否定の真理表が次のようになるのは，真理条件から明らかであろう．

A	B	A | B
T	T	F
T	F	T
F	T	T
F	F	T

(表 2.5.2)

　否定, 選言および選否定の真理表を用いると, 次のことは容易に確かめられよう.

　　(1)　¬A と A \| A は等値である.
　　(2)　A∨B と (A \| A) \| (B \| B) は等値である.

【注4】上の (1) と (2) から, 次の定義が可能である.
　　(3)　¬A は A \| A の省略である.
　　(4)　A∨B は (A \| A) \| (B \| B) の省略である.

【練習問題2】連言 A∧B を, \| を用いて表わしなさい.

第3章 文の形式と意味（Ⅱ）

　この章では，新たに2つの結合詞を導入する．そのうち，"ならば"と略称される結合詞は特に注意を要する．

§3.1 条件法

　AとBを文とするとき，
　　（ⅰ）　AならばB（if A then B）
というタイプの文を**条件法**といい，記号→を用いて，
　　（ⅱ）　A→B
と表わす．この矢印→を**条件記号**，その前（左側）にある文Aを**前件**，後（右側）にある文Bを**後件**という．また，語"ならば"を条件法の結合詞，矢印→を条件法の結合記号ということがある．
　条件法には独特の問題がつきまとうので，まず，その真理条件を述べ，次いで，それを真理表で表わし，最後に，それらについて説明を行なう．

> 条件法の真理条件：条件法は前件が真で後件が偽であるとき偽で，それ以外の場合は真である．

　これを表で示すと，"条件法の真理表"は次のようになる．

A	B	A → B
T	T	T
T	F	F
F	T	T
F	F	T

(表 3.1.1)

この真理表によれば，

◆3.1.1 条件法全体が真でも前件や後件が真であるとは限らないし，逆に，前件が偽であるときや，後件が真であるとき，条件法全体は真である

ことがわかる．別な言葉で言えば，

◆3.1.2 条件法全体が真だからといってそこから，部分がすべて真であると即断してはならないし，逆に，偽な部分があるからといって，そのことから，条件法全体を偽であると判断してはいけない

ということである．このあたりが，これまでの否定，連言および選言と大きく異なり，条件法の難しいところであろう．

言うまでもないことであるが，文法上の接続詞"ならば"は，さまざまな意味で用いられる．もちろん，そのすべてが記号→で表わされるわけではない．

論理学では，上の真理条件が適用できるような"ならば"を扱う．このように限定すると，論理学で取り上げる"ならば"の範囲は狭そうであるが，必ずしもそうではない．

そこで，われわれが扱う"ならば"の意味を，幾つかの例によって説明する．

【例1】条件法の真理表（表3.1.1）によれば，次の4つの条件法のうち，2番目の条件法だけが偽で，残り3つは真である．

　　　2+2=4　→　3+3=6
　　　2+2=4　→　3+3=7
　　　2+2=5　→　3+3=6
　　　2+2=5　→　3+3=7

【例2】今，自然数について議論しているものとする．
　　（※）　7より大きい自然数はみな4より大きい
ことは誰もが知っている．（※）の意味するところは，
　　　　すべての自然数 n に対して，
　　（#）　n>7 ならば n>4
と言い換えられる．すると，（#）の中の n として，どのような自然数をとってもよいはずである．かくして，例えば，

　　　8>7 ならば 8>4
　　　6>7 ならば 6>4
　　　3>7 ならば 3>4

は，いずれも真である．これらからも推察できるように，（#）については，条件法の真理表（表3.1.1）の（真理値の）2行目のケースが存在しないのである．それはこうである．もし
　　（*）　7より大きいのに4より大きくない自然数が1つでも存在する
なら，（#）は，すべての自然数に対しては成立しない．しかし，実際には
　　（$）　7より大きいのに4より大きくない自然数は1つも存在しない
から，（#）がすべての自然数について成立する，というわけである．

【練習問題1】次の文は真か偽か．またその理由を述べよ．
  (1)　$1=0$ ならば $10=0$
  (2)　$[\sqrt[10]{10^{21}} > (21/20)^{100}]$ ならば
　　　$[(\sqrt[10]{10^{21}})^2 > ((21/20)^{100})^2]$

　上の2つは"数学"の例であるが，次の日常的な"約束"も，"条件法"の理解に役立つ．

【例3】今，私が友人に対して，
　(♯)　ジョンが出席するなら私も出席する
と"約束"したとする．そして，これを
　(1)　ジョンは出席する　→　私は出席する
と表わすことにしよう．すると，私が約束を"破った"とか，あるいは"守らなかった"と言われるのは，
　(2)　ジョンが出席するのに私が出席しない
場合，つまり，
　(3)　ジョンは出席する　∧　¬（私は出席する）
場合だけであろう．
　もちろん，直ちに注意が必要である．"日常語"では，あるいは"日常生活"では，
　ジョンが出席しない
場合には，
　私が出席する・しない
は恐らく問題にはならないであろう．いわゆる前提条件が成立していないのだから，"約束"(♯)については，もっと詳しい分析が必要なのは言うまでもない．しかし，われわれの関心事は(♯)そのものにあるのではなく，あくまでも結合詞"ならば"の意味であり，その範囲において(♯)に注意を払うのである．
　そこで，改めて(1)〜(3)を考えてみると，(♯)は，
　(※)　ジョンが出席するのに私が出席しない，ということはない

と"約束"しているのだ，と見てよいであろう．記号を用いれば
  (4) ¬（ジョンは出席する ∧ ¬（私は出席する））
と表わすことができる．こうして，(1) と (4) の"内容は同じである"と見ることができるのである．

【練習問題2】文"ジョンは出席する"をp，文"私は出席する"をqとして，次のことを確かめなさい．
  (1) p→q と ¬(p∧¬q) は等値である．
  (2) ¬(p→q) と p∧¬q は等値である．

【注1】上の【練習問題2】の (1) から，
  A→B は ¬(A∧¬B) の省略である
と定義することができる．

ところで，

  ◆3.1.3 いわゆる仮定法は矢印→では表わされない

ことも肝に銘じるべきである．例えば，
  (1) 太郎はもう少し授業に出席していたら，（太郎は）数学の単位を取れただろう

というように，われわれは日常しばしば，"もし…であったら（あるなら）――であったろう（であろう）"という，文法上の仮定法を用いることがある．いわゆる"れば・たら"である．だが，この"ならば"は，記号→で表わすことはできない．というのは，これらの仮定法の実際の意味は，"…でなかった（でない）から――でなかったのだ（でないのだ）"だからである．見かけは条件法だが，実際はまったく別物である．そのことは，(1) を，次の
  (2) 1＝0 ならば 10＝0
と比較してみれば明らかであろう．容易に証明できるように，"1＝0"と仮定

すれば"10＝0"が導かれる．（上の【練習問題1】の(1)および，後の【練習問題4】を参照のこと．）すなわち，"1＝0 ならば必ず 10＝0"である——これが，(2)の"ならば"の意味である．他方，"太郎がもう少し授業に出席しても，（太郎が）論理学の単位を取れたとは限らない"であろう．言い換えれば，矢印→で表わされる条件法は，真理表（表3.1.1）からわかるように，前件と後件の真理関数であるが，反事実的仮定法は真理関数ではない，ということである．

¶3.1.1 必要条件と十分条件

今，

(1) 条件法 A→B は真である

とする．このとき，条件法の真理表（表3.1.1）から，

(2) 前件 A が真であるなら後件 B は常に真である

ことが見てとれる（真理値の1行目のケース）．他方，後件 B が真だからといって前件 A が真であるとは限らないが（真理値の3行目），後件 B が真でなければ前件 A は真ではない（真理値の4行目）．つまり，

(3) 前件 A が真であるためには後件 B が真でなければならない

ことがわかる．

以上のことは，普通，次のように言われる．まず，(1)は，"真である"を省略して通常，単に

(i) A→B

と表わされる．次いで，(2)と(3)は，その意味をとって，それぞれ，

(ii) A は B の十分条件である

(iii) B は A の必要条件である

というのである．

【練習問題3】x を実数とするとき，

x＝1 ならば x^2＝1

である．ここで，次のことを確かめなさい．

(1) x＝1 は x^2＝1 であるための十分条件である．

(2) x^2＝1 は x＝1 であるための必要条件である．

¶3.1.2　条件証明

"A を仮定して B が証明できる"とき，そのことによって，"A ならば B"ということが証明されたと見なす．これを**条件証明**という．このような証明が認められるのは，今では明らかであろう．まず，"A を仮定する"ということは，"A は真である，と仮定する"ことである．また，"B が証明できる"というのは，"B は真である，と証明できる"ことである．かくして，真理表（表3.1.1）の（真理値の）1行目から，条件法"A ならば B"は真となる．では，"A が真でない"場合を仮定しないのはなぜだろうか．その場合は，B とは無関係に，真理表（表3.1.1）の（真理値の）3行目と4行目から，条件法"A ならば B"は自動的に真である．条件法"A ならば B"が偽となるのは，A が真で B が偽の場合のみであるから，上のような条件証明が成り立つ，というわけである．（なお，§7.3 の ¶7.3.1 を参照のこと．）

【練習問題4】条件証明を用いて，"1＝0 ならば 10＝0"を証明しなさい．

¶3.1.3　逆・裏・対偶

今，条件法

　　　(1)　A→B

を**原命題**あるいは**原の文**と呼ぶことにしよう．このとき，その前件と後件を交換した条件法

　　　(2)　B→A

を，(1) の**逆**といい，原命題の前件と後件をそれぞれ否定した条件法

　　　(3)　¬A→¬B

を，(1) の**裏**という．さらに，(3) の前件と後件を交換した条件法

　　　(4)　¬B→¬A

を，(1) の**対偶**という．

4つの条件法の真理表をひとまとめにすると，次のような真理表（表3.1.2）が得られる．

A	B	(1) A→B	(2) B→A	¬A	¬B	(3) ¬A→¬B	(4) ¬B→¬A
T	T	T	T	F	F	T	T
T	F	F	T	F	T	T	F
F	T	T	F	T	F	F	T
F	F	T	T	T	T	T	T

(表 3.1.2)

さて，原命題 (1) が真であるケースは 3 つあるが，その逆 (2) は，そのうちの 1 つのケースで偽である．下から 2 行目のケースである．このことを

◆3.1.4　逆は必ずしも真ならず

という．また，原命題 (1) とその対偶 (4) が等値であることも，この表から容易に読み取れる．このことを，**対偶の法則**といい，

◆3.1.5　対偶は原命題に等しい

と表わされる．

【練習問題 5】条件法 "雨が降っているならば天気が悪い" から出発して，その逆，裏，対偶を作りなさい．また，対偶の法則を "実感" しなさい．

【注2】"￢Bならば￢A"が証明できたときには，対偶の法則を用いれば，"AならばB"が証明できたと考えてよいことになる．

¶3.1.4　"…の場合に限り…"
　一見したところ，結合詞"ならば"と無関係に思われるが，その実，"ならば"と同一視できる結合詞に，"…の場合に限り…"がある．それが，次の【例4】である．

【例4】文
　　(1)　ジョンが出席するのはメアリーが出席する場合だけである
は，まず，
　　(2)　メアリーが出席しない場合ジョンは出席しない
の意味に取れる．そして，これは
　　(3)　メアリーが出席しない　→　ジョンは出席しない
と表わされる．否定記号を用いると，(3)は，さらに，
　　(4)　￢(メアリーは出席する)　→　￢(ジョンは出席する)
となる．これに対偶の法則を適用すると，(4)は
　　(5)　ジョンは出席する　→　メアリーは出席する
と変形される．こうして，文(1)は条件法であることが明らかになる．なお，結合詞"…の場合に限り…"については，さらに§3.2で検討する．

【練習問題6】適当なアルファベットを用いて，次の文を記号化しなさい．
　　(1)　薬を飲めば風邪が治る．
　　(2)　風邪が治らなければ薬を飲まない．
　　(3)　この子はお駄賃を上げなければお使いをしてくれない．
　　(4)　この子はお駄賃を上げればお使いをしてくれる．
　　(5)　この子がお使いをするのはお駄賃を上げるときだけだ．
　　(6)　この子はお駄賃を上げるときしかお使いをしてくれない．

§3.2 双条件法

AとBを文とするとき,
　(i)　Aの場合かつこの場合に限りB
というタイプの文を，AとBの**双条件法**といい，記号←→を用いて，
　(ii)　A←→B
と表わす．記号←→を**双条件記号**，その両側の文，AとBをそれぞれ**左辺**，**右辺**という．

なお，両向きの矢印←→は，双条件法の結合記号ということもある．

条件法と同様に，双条件法にも微妙な問題が幾つかあるが，まず，(i)の意味を真理条件の形式で述べると，

> 双条件法の真理条件：双条件法は，左辺と右辺が共に真であるか，あるいは共に偽であるときに真で，それ以外の場合は偽である

が得られる．これを表示すると，その真理表は次のようになる．

A	B	A←→B
T	T	T
T	F	F
F	T	F
F	F	T

(表 3.2.1)

【注1】真理条件あるいは真理表から明らかなように，双条件法は左辺と右辺の真理値が等しいときに真である．したがって，§2.4の等値関係と密接な関連がある．事実，双条件法は等値関係を表わす1つの手段と考えることができる．しかし，両者を混同してはならない．

¶3.2.1　省略記法としての双条件法

　双条件法の用法は，【注1】でも述べたように，やや特殊であり，必ずしも基本的なものとして採用しなければならない，というものではない．その理由は次の通りである．

　まず，上記の（i）が，連言
　　　(1)　(A の場合に B) ∧ (A の場合に限り B)
であることは直ちに気がつく．次いで，(1) の，"A の場合に B" が条件法"A→B"と表わされることも明らかであろう．他方，"A の場合に限り B" は，¶3.1.4の叙述から，条件法"B→A"になることも理解できよう．すると，(1) は全体として，
　　　(2)　(A→B)∧(B→A)
となる．このようにして，
　　　(3)　A←→B は (A→B)∧(B→A) の省略である
という定義が可能なのである．

【練習問題1】真理表を用いて，"A←→B と (A→B)∧(B→A) が等値である"ことを確かめなさい．

¶3.2.2　"…の場合に…" と "…の場合だけ…"

　われわれは¶3.1.4において，"A の場合に B" と "A なのは B の場合だけ"が共に "A→B" と記号化できるケースを見た．しかし，だからと言って，"…の場合に限り…"がすべて"→"で表わされるわけではない．なぜなら，日常生活では，
　　　(1)　……の場合に限り……
が，

(2)　……である場合かつこの場合に限り……

を意味することがあるからである．と言うよりも，むしろ，そのほうが多いかもしれない．そのように考えると，¶3.1.4で取り上げた例文，

　　　(3)　ジョンが出席するのはメアリーが出席する場合だけである

は，双条件法

　　　(4)　ジョンが出席する　←→　メアリーが出席する

と表わされることになる．

　こういうわけで，与えられた文が条件法で表わされるべきか，それとも双条件法で表わされるべきかは，文脈に応じて決定されなければならない．もちろん，これは条件法や双条件法に限ったことではなく，およそ文の記号化すべてに当てはまることである．

【練習問題2】適当なアルファベットを用いて，次の日本文を記号化しなさい．その際，条件法あるいは双条件法で表わす理由も述べなさい．
　　　(1)　この子はお駄賃を貰う時しかお使いをしない．
　　　(2)　ジョンが出席するのはメアリーが出席するときだけである．
　　　(3)　メアリーが出席するときしかジョンは出席しない．

¶3.2.3　必要十分条件

　上の¶3.2.1の(2)を見てみると，双条件法は，条件法とその逆の双方を主張していることがわかる．これと，¶3.1.1を合わせて考えると，双条件法は必要十分条件を表現していることになる．すなわち，次の（ⅰ）〜（ⅲ）は同じことである．
　　　（ⅰ）　A←→B
　　　（ⅱ）　AはBの十分必要条件である
　　　（ⅲ）　BはAの必要十分条件である

【練習問題3】上の（ⅰ）〜（ⅲ）を，真理表によって確かめなさい．

§3.3 命題言語の構文論

われわれは前章で否定と連言と選言の3つ，本章で条件法と双条件法の2つ，合計5つのタイプの"文"を導入した．それは，命題論理学で考察する"議論"がすべてこれらの文とそれらの組み合わせから構成されているからである．

そこで，今後の考察に無用の混乱が生じないように，われわれがこれから取り上げる文を，改めてはっきりと規定しておくことにする．

言うまでもなく，"文"は，常に，"特定の言語"の文である．したがって，論理学で扱う文もなんらかの言語の文でなければならない．これまでの考察から明らかなように，われわれの言語は，日本語や英語のような"自然言語"ではなく，議論形式の妥当性をテストするために人為的に作られた言語，つまり，"人工言語"と言われるものである．その上，これまでの叙述から容易に推察できるように，この言語は，文の"形"に注目して作られた"形式言語"である．本書で取り扱う形式言語は，命題言語と述語言語の2つであるが，第Ⅰ部では前者を取り上げる．この言語を，便宜上，**PL**（Propositional Language）と呼ぶことにする．

【定義 3.3.1】命題言語 **PL** の記号

次の S1) から S3) において指定されている記号を，命題言語 **PL** の記号という．

S1) 文記号：p_1, p_2, p_3, ……
S2) 結合記号：¬, ∧, ∨, →, ↔
S3) カッコ：(,)

【注1】詳しいことは，少しずつ説明していくが，前章の叙述と後の諸章との関係を考慮して，ここでは次のことを注意しておく．まず，この定義を，記号についての"直示的定義"という．記号を"直に示す"からである．次に，ここで指定されている記号は，例えば，英語のアルファベットに当たる．そのことから"基本的な語彙"とか，"辞書"とか呼ばれることもある．さらに，文記号は，言語 **PL** の文の基本単位で，通常の自然言語における"最も単純な文"に対応する．われわれは前章で日常文の記号化を幾つか試みたが，文記号は，そこで用いられたアルファベットの p や q と同じ役割を演じる．

だから，文記号 p_1, p_2, p_3, …を後に p, q, r, …と略記することになるのである．

改めて言うまでもないことだが，英語のセンテンスは，英語のアルファベットを幾つか左から右へ並べたものである．しかし，ただ並べただけではセンテンスにはならない．センテンスであるためには，文法に合った形をしていなければならない．命題言語の場合も同じである．われわれの文法は，次のように極めて簡単である．但し，"文"の代わりに，**論理式**という言葉を用いることにする．また，"命題言語 PL の"という言葉は，誤解の生じる恐れがない限り省くことにする．

【定義 3.3.2】命題言語 PL の論理式
- W1) 文記号は論理式である．
- W2) 論理式の前に記号¬を書き，全体をカッコでくくったものは，論理式である．
- W3) 2つの論理式の間に記号∧を書き，全体をカッコでくくったものは論理式である．
- W4) 2つの論理式の間に記号∨を書き，全体をカッコでくくったものは論理式である．
- W5) 2つの論理式の間に記号→を書き，全体をカッコでくくったものは論理式である．
- W6) 2つの論理式の間に記号←→を書き，全体をカッコでくくったものは論理式である．
- W7) 以上の W1)～W6) によるもののみが論理式である．

【注2】このような定義を，論理式についての"帰納的定義"という．"帰納的"というのは，例えば，「すべての論理式がある性質をもつ」ことを証明するのに，（数学的）帰納法が使えるからである．われわれの文（論理式）は，最も単純な文（結合詞をもたない文），すなわち文記号（結合記号を含まない論理式）から出発して，それらに結合詞（結合記号）を有限回適用して得られるものに限る．こうすることによって，"命題言語 PL の文"が明確に定まるのである．

【例1】記号の有限列

$((p_3 \land (\neg p_1)) \to ((\neg p_3) \lor p_8))$

が論理式であることは，次のように"証明"される．

(1)　p_3　　　　　　　W1) による
(2)　p_1　　　　　　　W1) による
(3)　$(\neg p_1)$　　　　　　(2) から W2) による
(4)　$(p_3 \land (\neg p_1))$　　　(1) と (3) から W3) による
(5)　$(\neg p_3)$　　　　　　(1) から W2) による
(6)　p_8　　　　　　　W1) による
(7)　$((\neg p_3) \lor p_8)$　　　(5) と (6) から W4) による
(8)　$((p_3 \land (\neg p_1)) \to ((\neg p_3) \lor p_8))$　　(4) と (7) から
　　　　　　　　　　　　　　　　　　　　　W5) による

　この証明はよく見かける，ごく普通の証明で，"線形"証明と言われることがある．この証明の特徴は，各々の式の右側に，その式が現われる理由を明記していることである．それを"証明の解析"という．
　ところで，上の証明を，論理式が構成される順序に従って，次のように"木形"に図示できる．

【例2】$((p_3 \land (\neg p_1)) \to ((\neg p_3) \lor p_8))$ の構成木

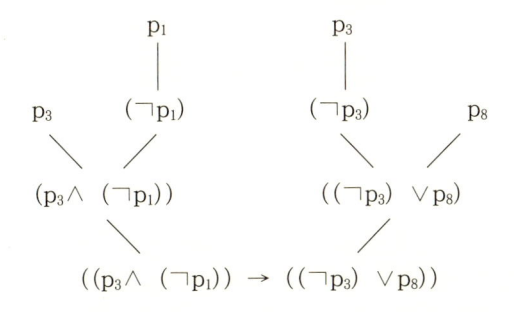

$$
\begin{array}{ccccc}
 & p_1 & & p_3 & \\
 & | & & | & \\
p_3 & (\neg p_1) & (\neg p_3) & & p_8 \\
 \diagdown & \diagup & \diagdown & & \diagup \\
(p_3 \land (\neg p_1)) & & & ((\neg p_3) \lor p_8) & \\
 & \diagdown & & \diagup & \\
 & ((p_3 \land (\neg p_1)) \to ((\neg p_3) \lor p_8)) & & &
\end{array}
$$

　(説明) この"木形"証明図に説明は不要と思われるが，論理式に対応する

【例1】の番号を記すと下図のようになる．

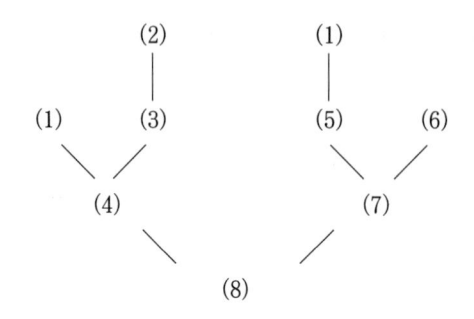

```
                (2)           (1)
                 |             |
        (1)     (3)    (5)    (6)
          \    /         \    /
           (4)            (7)
             \           /
              \         /
                 (8)
```

また，上の【例2】とは反対に，論理式を，次のように"分解する"こともできる．

【例3】 $((p_3 \wedge (\neg p_1)) \to ((\neg p_3) \vee p_8))$ の分解木

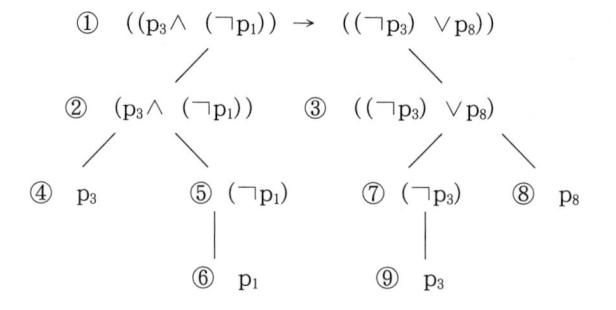

```
①   ((p₃∧(¬p₁)) → ((¬p₃)∨p₈))
        /                    \
② (p₃∧(¬p₁))          ③ ((¬p₃)∨p₈)
    /      \               /       \
④ p₃    ⑤ (¬p₁)      ⑦ (¬p₃)    ⑧ p₈
           |               |
        ⑥ p₁           ⑨ p₃
```

(説明) 分解は，次のように上から下へ向かって行なわれる．まず，①が論理式であるためには，W5) により，②と③が論理式であればよい．②が論理式であるためには，W3) により，④と⑤が論理式であればよい．さらに，⑤が論理式であるためには，W2) により，⑥が論理式であればよい．他方，③が論理式であるためには，W4) により，⑦と⑧が論理式であればよい．さらに，⑦が論理式であるためには，W2) により，⑨が論理式であればよい．他方，W1) により，④，⑥，⑨および⑧はすべて論理式である．かくして，①は論

理式である．

上の論理式の"証明"や"分解"を改めて眺めてみると，記号が必要以上に複雑に見える．そこで，記号を見やすくするために，次のような便法を講ずることにしよう．

【便法 1】
- C1) 文記号 p_1, p_2, p_3, ……の代わりに，p, q, r, ……を用いる．
- C2) 誤解の生じる恐れがない限り，カッコは省略する．特に，最後に適用されたカッコは原則として省略する．
- C3) 論理式について一般的に語るために，論理式を A, B, C などで表わす．

【例 4】まず，p_1 を p, p_3 を q, p_8 を r で置き換えると，【例 1】の論理式
- (1)　$((p_3 \land (\neg p_1)) \to ((\neg p_3) \lor p_8))$

は，C1) により，まず
- (2)　$((q \land (\neg p)) \to ((\neg q) \lor r))$

と表わされる．次いで，C2) により，これは
- (3)　$(q \land (\neg p)) \to ((\neg q) \lor r)$

となる．否定の前後のカッコはなくても誤解が生じる恐れはないから，これはさらに，
- (4)　$(q \land \neg p) \to (\neg q \lor r)$

と表わされる．(4) は (1) よりはるかに見やすいであろう．他方，
- (5)　$\neg (p \land q)$，　$\neg (p \lor q)$，　$\neg (p \to q)$

の 3 個の論理式から，カッコを削除することはできない．削除すると，それぞれ，
- (6)　$\neg p \land q$，　　$\neg p \lor q$，　　$\neg p \to q$

のように，まったく別の論理式になってしまう．

ところで，C3) にある文字 A, B, C などを用いると，論理式の定義【定義

3.3.2】は，次のように"簡潔に"表わされる．

【補足1】論理式の再定義
  W1) 文記号 p_i（$i=1,2,3,\cdots$）は論理式である．
  W2) A が論理式なら，（¬A）は論理式である．
  W3) A と B が論理式なら，（A∧B）は論理式である．
  W4) A と B が論理式なら，（A∨B）は論理式である．
  W5) A と B が論理式なら，（A→B）は論理式である．
  W6) A と B が論理式なら，（A←→B）は論理式である．

この定義で用いられている記号 A，B は，前章と本章で結合記号を導入するときに用いた，あの A，B と同じ種類のものである．これらは，元来，命題言語の記号ではなく，命題言語について語るための記号である．このような記号を**メタ記号**という．それらの役割については，以下で少し取り上げる．

¶3.3.1 使用と言及
3つの文
  (1) 東京は日本の首都である．
  (2) 東京は二字から成る．
  (3) 「東京」は二字から成る．
における，"記号の使用"と記号による"事物への言及"について考えてみる．
  まず，
  (4) 文 (1) は，「東京」という名前を**使用**して，東京という都市に**言及**している

ことは明らかであろう．他方，"二字から成る"という述語は表現，つまり記号，について述べられるものであるから，
  (5) 文 (2) は誤りであるか，少なくともあいまいである
と言わざるをえない．これに対し，文 (3) の意味は明らかである．すなわち，
  (6) 文 (3) は，「「東京」」という名前を使用して，「東京」という表現に言及している

のである.

　ここで注意すべきことは，名前の使い方である．文 (4) で述べられているように，(1) では都市名が使用され，それによって1つの都市への言及がなされている．このように，特定の対象に言及する場合，われわれは通常その対象の名前を使用する．その対象が都市のような場合には問題は起きないが，(2) のように，言及される対象が表現の場合は，少なからず混乱の生じる恐れがある．このような状態を避けるためには，ちょっとした工夫が必要である．最も標準的な手段が"引用符"を活用することである．すなわち，まず言及される表現を引用符で囲み，これをその表現の名前とする．これが引用符の最も基本的な用法の1つである．次いで (3) のように，その名前を主語として，それに述語を適用するのである．そして，文 (3) を説明するときは，その主語を再び引用符で囲んでその名前を作り，それを用いて (6) のような文を作るのである．(6) において引用符が2重に使われているのは，このためである．

　これまでの叙述からも明らかなように，"記号を使用して記号に言及する"ことは，論理学においては頻繁に行なわれる．したがって，"言及する"ために用いる記号と，"言及される"記号は厳密に区別しなければならない．そして，この区別を一貫して行なうために，論理学では，対象言語とメタ言語という概念を導入するのである．

¶ 3.3.2　対象言語とメタ言語

　今，日本語で書かれた英語の文法書を読んでいるものとする．重複を厭わずに言うなら，この文法書は，英語（の文法）について（研究した成果を）日本語で著わしたものである．

　このように言語についての研究は，その研究対象も研究成果（である著作）も，共に言語であるが，2つの言語は原理的には別ものである．それゆえ，研究の対象になっている言語を**対象言語**，その対象言語に関する研究の成果を述べる（ために用いられる）言語を**メタ言語**と呼んで両者を区別する．また，メタ言語に属する記号を一般に**メタ記号**という．上記の文法書について言えば，英語が対象言語で，日本語がメタ言語である．なお，このメタ言語としての日本語には，通常の日本語のほかに，英文法（研究成果）を叙述するための特殊

な記号や専門用語も含まれる．

さて，われわれの場合で言えば，対象言語は命題言語 **PL** で，メタ言語は日本語である．そして，このメタ言語としての日本語には，前述の記号 "A"，"B"，"C" なども含まれるのである．先に，これらの記号をメタ記号と呼んだのはそのためである．

もう少し付け加えるなら，記号 "p_1"，"p_2"，"p_3"，つまり，"p"，"q"，"r" などは命題言語 **PL**――ここでの対象言語――に属する記号であるが，記号 "A"，"B"，"C" などは，この対象言語について語る日本語――ここでのメタ言語――の一部を構成するのであって，命題言語の記号ではない．命題言語の "文"（記号列）は，【例2】のように，記号 "p_1"，"p_3"，"p_8" のほかは，結合記号とカッコだけから成り，決して記号 "A"，"B"，"C" などを含むことはない．逆に，"命題言語の文" を定義するためには，【定義3.3.2】のようにするか，メタ記号を用いて【補足1】のように記述するのが普通である．

ところで，§2.1 以降われわれは記号 "A"，"B" などを用いてきたが，それは，実質的には，対象言語である命題言語 **PL** を導入するために，メタ記号として用いてきたのである．また，記号 "p"，"q" も用いてきたが，それらは，対象言語の記号に慣れるために導入したのである．また，それらの記号は，そこでは具体的な日常文の省略記号として，あるいは "翻訳される" 記号として，つまり，"解釈される" 記号としても使われているのである．

このように，§3.2 までは記号の使用は多面的であり，厳格な使用は，本節の "命題言語の記号" の定義【定義3.3.1】から始まるのである．そのことは以下の，特に次章の叙述からおのずと明らかになるはずである．

【参考文献】構文論に関する，もっと詳しいことについては，巻末の参考文献の解説 [V] を参照のこと．

§3.4　議論の形式化

議論の正しさはその形式によること，そして議論の形式は前提の形式と結論の形式によって定まること，さらに個々の前提も結論も共に文であるから，議

論の形式は，結局のところ，文の形式とその組み合わせによって定まることをわれわれは第1章で見た．

一方，前章と本章では，普段の議論において用いられる文の種類と形式を見て来た．今や，それらの文――われわれはそれを前節§3.3で"論理式"と呼んだ――を用いて，議論を形式化する段階に到達したわけである．

ところで，これまで学習した"文の記号化"が"1個の文"の記号化であるのに対し，"議論の形式化"は"複数の文"を記号化するだけで，ほかに新しいことはない．したがって，"議論の形式化"のために特に習得しなければないことは，実質的には，何もないのである．

【練習問題1】適当な文記号を用いて，次の議論を記号化しなさい．
 (1) 太郎が出席する．花子が出席する．ゆえに，太郎と花子が出席する．
 (2) 太郎と花子が出席する．ゆえに，花子が出席する．
 (3) 太郎か花子が出席する．太郎は出席しない．ゆえに，花子が出席する．
 (4) 太郎も花子も出席する，ということはない．花子は出席する．ゆえに，太郎は出席しない．
 (5) 太郎も花子も出席する，ということはない．ゆえに，太郎か花子が出席しない．
 (6) 太郎か花子が出席しない．ゆえに，太郎も花子も出席する，ということはない．

【練習問題2】適当な文記号を用いて，次の議論を記号化しなさい．なお，これらは古くから，**両刀論法**の名で知られているものである．
 (1) もしお前が正直であれば，お前は世間から疎まれるであろう．他方，正直でないなら，お前は神様から疎まれるであろう．しかるに，お前は正直であるか正直でないかのどちらかでしかない．それゆえ，お前は世間から疎まれるか，神様から疎まれる．
 (2) この書物の内容がコーランと同じ内容であるなら，この書物は無用である．他方，異なっているならば，有害である．しかるに，この書物の内容はコーランと同じか異なるかのいずれかである．ゆえに，

この書物は無用であるか，有害であるかのいずれかである．
(3) もしも私が合格する運命にあるなら私は勉強する必要はない．他方，不合格の運命にあるならやはり勉強する必要はない．私は合格する運命にあるか不合格の運命にあるかのどちらかである．だから，いずれにしても私は勉強する必要がない．

【練習問題3】適当な文記号を用いて，次の議論を記号化しなさい．
(1) もし私が正直であれば，私は神に愛されるだろう．他方，正直でないなら，世間に受け入れられるであろう．しかるに，私は正直であるか正直でないかのどちらかでしかない．それゆえ，いずれにしても，私は神に愛されるか世間に受け入れられるであろう．
(2) この書物の内容がコーランと同じ内容であるなら，この書物は有用である．他方，異なっているならば，無害である．しかるに，この書物の内容はコーランと同じか異なるかのいずれかである．ゆえに，この書物は有用であるか，無害であるかのいずれかである．
(3) 君が試験に合格する運命にあるなら，それでも君は勉強する必要がある．他方，不合格の運命にあるなら，なおのこと君は勉強する必要がある．しかるに，君は合格の運命にあるか，あるいは不合格の運命にあるかのどちらかである．だから，いずれにせよ，君は勉強する必要がある．

【注1】上の【練習問題2】と【練習問題3】の議論 (1) ～ (3) は，いずれも，本質的には"同じ"形式である．したがって，どちらの議論が"本当に"正しいかは論理学だけでは判定できない．では，論理学は無力なのだろうか．そうではない．前提の立て方が不適切なのである．

【参考文献】上の【練習問題2】と【練習問題3】は，巻末の参考文献 [6] に拠っている．

§3.5 文と言明と命題

われわれはこれまでほとんどなんの議論もせずに，文について，真である，

あるいは偽であると語ってきた．つまり，（叙述）文はすべて真理値をもつものと決め込んでいた．しかし，少し考えてみると，これには幾つかの重要な問題が潜んでいるように思われる．

まず，疑問文や感嘆文，それに命令文については，われわれは，普通，その真偽を語ることはない．このことは，共通の了解事項としておこう．問題は叙述文である．

では，叙述文はすべて真理値をもつ，と言ってよいであろうか．残念ながら，そうは言えない．例えば，次のような"代名詞"を含んだ文

　　（＊）　きのう彼は彼女とそこへ出かけた

は真理値をもたない，と主張する論理学者がいるのである．彼らによれば，一般に文そのものは真でも偽でもない．真偽が問えるのは，具体的な状況において文を用いて行なった主張——これを**言明**という——についてである．そもそも代名詞が何を表わすかは元来，特定の文脈で使用されてはじめて定まるのであり，同じ文でも，用いられる状況によってまったく異なる内容をもつはずである．だから，代名詞を含む（＊）のような文そのものについて，真偽を語ることは当を得ないのである．

確かに，この議論には一理ある．しかし他方，こうも考えられよう．（＊）のような文を用いて行なった主張——すなわち，言明——の中の代名詞をすべて固有名で書き直すなら，代名詞を１つも含まない"完全な文"が得られよう．このような文の"内容"を**命題**と呼ぶなら，真偽が問えるのは命題についてである．このように考える論理学者もいる．

われわれは真理値をもつものとして，（あるいは，もち得るものとして）文と言明と命題の３つについて簡単に考察した．論理学的に，また哲学的に，そのどれを採るべきかについては，ここでは論じない．それは読者各自に任せる．本書では，これまで通り（最も簡単な便法として），文について真偽を語り，必要に応じて，言明や命題に言及することにする．

【参考文献】これらの問題に関する，もっと詳しい議論については，巻末の参考文献の解説［VI］と［V］を参照のこと．

第4章 論理的妥当性

§4.1 命題言語の意味論

　前章までの考察により，議論を形式化する準備が整った．それゆえ，われわれは今では，それら記号化された議論の妥当性をテストする段階に到達している，と言ってよいのだが，少し注意を要することがある．（先を急ぎたい人，抽象的な議論があまり得意でない人は，この節を省略して直ちに§4.2へ進んでもよい．）

　さて，§3.3で指定されている記号および記号の列には，"意味"については何も語られていない．（まず，このことに注意して欲しい．）だから，記号化された前提や結論は，厳密には，"単なる"記号（の列）に過ぎないのである．もちろん，それらは"気持ちの上では"，それぞれ"文を表わし"ており，あるいは"文の代理"として用いているのである．だが厳密に言えば，いったん記号化してしまえば，それについてはさまざまな"解釈"が可能なのである．それゆえ，"われわれの解釈"を改めて，きちんと述べておかなければならないのである．

　一般に記号に意味を与えることを記号の**解釈**というが，われわれの命題言語の場合，まず，解釈される記号は，文記号 p, q, r, ……などである．そして，この文記号の解釈には2通り考えられる．1つは，文記号に具体的な文を代入することである．第2章で見た"翻訳"がそれである．したがって，読者はこの種の解釈には既に十分なじんでいるはずである．もう1つは，文記号に"真理値を付与する"ことである．容易に気がつくことであろうが，この2つの解

釈は実は同じことである．なぜなら，文記号に具体的な文を代入した結果は，真か偽かのいずれかに定まるからである．2番目の解釈は，この事実に注目し，もっぱらそれを利用しようという立場である．以下では，主として，この2番目の解釈を採用する．

【定義 4.1.1】文記号の解釈
　すべての文記号にT（真）またはF（偽）のいずれかの真理値を付与することを，文記号の解釈という．

　この考え方はいくぶん抽象的なので，最初は，取り扱いに少し手間取るかもしれないが，いったん習得してしまうと，一般論を展開する上できわめて便利である．幾つか例を挙げて説明しよう．

【例1】すべての文記号にTを割り当てる真理値の付与を考える．それをτと表わすことにしよう．すなわち，
　　　$\tau[p_1]=T, \quad \tau[p_2]=T, \quad \tau[p_3]=T, \quad \cdots\cdots$

【例2】すべての文記号にFを割り当てる真理値の付与を考える．それをμと表わすことにしよう．すなわち，
　　　$\mu[p_1]=F, \quad \mu[p_2]=F, \quad \mu[p_3]=F, \quad \cdots\cdots$

【例3】奇数番目の文記号にはTを，偶数番目の文記号にはFを割り当てる真理値の付与を考える．それをνと表わすことにしよう．すなわち，
　　　$\nu[p_1]=T, \quad \nu[p_2]=F, \quad \nu[p_3]=T, \quad \nu[p_4]=F, \quad \cdots\cdots$

【注1】上の定義からわかるように，文記号に対する真理値の付与は，例えば，条件法の真理表（表3.1.1）の中の"A"，"B"に対する"真理値の組み合わせ"（真理表の最初の2列）に対応する．これが文記号の解釈である．（記号"A"，"B"はあらゆるタイプの文を表わすことができることを思い起こそう．ここでは，文記号の働きをしているのである．）

【定義 4.1.2】論理式の解釈

A を論理式，τ を真理値の付与とする．真理値の付与 τ の下での論理式 A の真理値を，論理式 A の解釈——記号で，$\tau[A]$ と表わす——といい，次のように定める．

 ⅰ) A が文記号 p_i（$i = 1, 2, 3, \cdots$）の場合．
  $\tau[p_i] = T$ または F．

 ⅱ) A が否定（$\neg B$）の場合．
  $\tau[B] = T$ のとき，$\tau[(\neg B)] = F$．
  それ以外のとき，$\tau[(\neg B)] = T$．

 ⅲ) A が連言（$B \wedge C$）の場合．
  $\tau[B] = \tau[C] = T$ のとき，$\tau[(B \wedge C)] = T$．
  それ以外のとき，$\tau[(B \wedge C)] = F$．

 ⅳ) A が選言（$B \vee C$）の場合．
  $\tau[B] = \tau[C] = F$ のとき，$\tau[(B \vee C)] = F$．
  それ以外のとき，$\tau[(B \vee C)] = T$．

 ⅴ) A が条件法（$B \to C$）の場合．
  $\tau[B] = T$ かつ $\tau[C] = F$ のとき，$\tau[(B \to C)] = F$．
  それ以外のとき，$\tau[(B \to C)] = T$．

 ⅵ) A が双条件法（$B \leftrightarrow C$）の場合．
  $\tau[B] = \tau[C]$ のとき，$\tau[(B \leftrightarrow C)] = T$．
  それ以外のとき，$\tau[(B \leftrightarrow C)] = F$．

【注 1】上の記述は，見かけはいかめしいが，実際には，これまで見てきた真理条件と同じものである．したがって，以前に導入した否定，連言，選言，条件法および双条件法の真理表も，上の定義を"図示"したものとして，外形上は，そのまま使って差し支えないのである．

これまでの叙述から推察できるように，§3.3 以前に用いられた"p"，"q" と §3.3 以後に導入された"p"，"q" は，考え方としては，まったく別物であ

る．だから，記号も別のものを用いるのが筋というものである．しかしながら，実際の使用上では区別がつかないので，両者に同じ記号を用いても混乱の生じる恐れがないし，そのほうが実際的である．本書ではこの方針を採用している．

§4.2 論理的帰結——議論形式の妥当性

いよいよ議論形式の妥当性を正確に定義し，妥当な議論形式についてさまざまな性質を調べる段階にたどり着いたが，抽象的，一般的考察を始める前に，具体例を取り上げ，それによって技法を習得することにする．

まず，第1章の妥当性についての予備的な定義を思い起こそう．それはこういうものであった．

> その代入例である具体的な前提がすべて真であるとき，結論がまた常に真であるならば，その議論形式は論理的に妥当である．……（∗）

ここで重要なのは真理値である．それに着目すると，議論形式が妥当であるか否かを知るには，次のように"拡張された"真理表が利用できる．

【例1】 $p \to q$, p $\therefore q$ ［§1.4の（形式Ⅰ）］

		前 提		結 論
p	q	p→q	p	q
T	T	T	T	T
T	F	F	T	F
F	T	T	F	T
F	F	T	F	F

（表 4.2.1）

この真理表によれば，前提がすべて真であるケースは1つしかないが，このとき結論は真である．よって

  (1) 議論形式"p→q, p ∴ q"は論理的に妥当である

と言うことができる．(1)を，記号"⊨"を用いて，簡単に

  (2) p→q, p ⊨ q

と表わすことにする．以下，他の場合も同様である．また，中カッコ { } を用いて，前提の集合を表わすことにすると，(2) は，

  (3) q は {p→q, p} から論理的に出てくる

とか，あるいは

  (4) {p→q, p} は q を論理的に含意する

と読まれることがある．なお，記号"⊨"をターンスタイルという．

【注1】議論形式"p→q, p ∴ q"は，**正格法**あるいは**肯定式**と呼ばれ，論理学において最も重要な議論方式の1つである．

【例2】p→q, q ∴ p [§1.4の（形式Ⅲ）]

p	q	前提		結論
		p→q	q	p
T	T	T	T	T
T	F	F	F	T
F	T	T	T	F
F	F	T	F	F

(表 4.2.2)

前提がすべて真であるケースは，(真理値の付与の) 1 行目と 3 行目の 2 つあるが，3 行目の場合，結論は偽である．よって，

  (1) 議論形式 "p→q, q ∴ p" は論理的に妥当でない

という．(1) を記号 " ⊭ " を用いて，

  (2) p→q, q ⊭ p

と表わすことにする．以下，他の場合も同様である．また (2) を

  (3) p は {p→q, q} からは論理的に出てこない

とか，あるいは

  (4) {p→q, q} は p を論理的に含意しない

と読むことがある．

【注 2】議論形式 "p→q, q ∴ p" は，**後件肯定の誤謬**と言われ，われわれがしばしば犯す誤りである．

【練習問題 1】次の議論形式が妥当か否か調べなさい．
  (1) p→q, ¬q ∴ ¬p [§1.4 の (形式Ⅱ)]
  (2) p→q, ¬p ∴ ¬q [§1.4 の (形式Ⅳ)]

【注 3】議論形式 "p→q, ¬q ∴ ¬p" は，**負格法**あるいは**否定式**と呼ばれ，論理学で最も重要な議論方式の 1 つである．これに対し，議論形式 "p→q, ¬p ∴ ¬q" は，**前件否定の誤謬**と言われ，われわれがしばしば犯す誤りである．

 さて，これまでに見てきたことを，ここで公式に成文化しておこう．

【定義 4.2.1】妥当な議論形式
$A_1, A_2, \ldots, A_n$ および B を論理式とする．$A_1, A_2, \ldots, A_n$ のすべてが同時に真 (T) である真理値の付与の下で，B が常に真 (T) であるなら，

(4.2.1)　議論形式 "$A_1, A_2, \cdots\cdots, A_n \therefore B$" は論理的に妥当である
といい，記号　$\vDash$　を用いて，
　(4.2.2)　$A_1, A_2, \cdots\cdots, A_n \vDash B$
と表わす．また，(4.2.2) を
　(4.2.3)　B は $\{A_1, A_2, \cdots\cdots, A_n\}$ の論理的帰結である
とか，
　(4.2.4)　$\{A_1, A_2, \cdots\cdots, A_n\}$ は B を論理的に含意する
という．他方，$A_1, A_2, \cdots\cdots, A_n$ のすべてが同時に真で，かつ B が偽となるような真理値の付与が 1 つでも存在するなら，
　(4.2.5)　議論形式 "$A_1, A_2, \cdots\cdots, A_n \therefore B$" は論理的に妥当でない
といい，記号　$\nvDash$　を用いて
　(4.2.6)　$A_1, A_2, \cdots\cdots, A_n \nvDash B$
と表わす．

【注4】上の (4.2.5) を定義するために，"$A_1, A_2, \cdots\cdots, A_n$ のすべてが同時に真でかつ B が偽となるような真理値の付与が 1 つでも存在するなら" という条件をわざわざ付記する必要はないのだが，わかりやすさを旨とする本書の立場から，あえて記すことにした．逆に，この条件を利用すると，論理的妥当性は次のように言い換えられる．すなわち，「$A_1, A_2, \cdots\cdots, A_n$ のすべてが同時に真で，かつ B が偽となるような真理値の付与が 1 つも存在しないなら，議論形式 "$A_1, A_2, \cdots\cdots, A_n \therefore B$" は論理的に妥当である．」こういうわけで，本来なら，どちらか 1 つの表現で十分なのである．

【例3】$p, \neg p \vDash q$
（証明）2 つの前提 p と ¬p が同時に真で，q が偽となるような真理値の付与は 1 つも存在しない．

【注5】上の"証明"は，【注4】を適用したもので，きわめて重要である．この証明は，「議論形式 "$p, \neg p \therefore q$" は論理的に妥当でない，とは言えない．よって，論理的に妥当である．」という論法を取っている．われわれは後にこの考え方をフルに利用することになるので，十分慣れておく必要がある．なお，この【例3】は，"矛盾"のもつ論理的特性をよく表わしており，しばしば，"矛盾からは何でも出てくる"と読まれる．

【練習問題 2】次の議論形式が論理的に妥当か否か調べなさい．

(1) p∨q, ¬p ∴ q
(2) p∨q, p ∴ ¬q
(3) ¬(p∧q), p ∴ ¬q
(4) p∨q, r∨p, ¬p ∴ q
(5) p∨q, r∨p, ¬p ∴ r
(6) p∨q, r∨p, ¬p ∴ r∨q
(7) p→q, q→r, p ∴ r
(8) p→q, q→r, ¬r ∴ ¬p
(9) p→q, q→r ∴ p→r
(10) p→r, q→r, p∨q ∴ r

§4.3 恒真——論理式の妥当性

まず，次の3つの論理式とその真理表を見てみよう．

【例1】((p→q)∧p)→q

p	q	((p→q)∧p)→q
T	T	T
T	F	T
F	T	T
F	F	T

(表 4.3.1)

【例2】¬(p→q) ∧¬(q→p)

p	q	¬(p→q) ∧ ¬(q→p)
T	T	F
T	F	F
F	T	F
F	F	F

(表 4.3.2)

【例3】 $((p→q)∧q)→p$

p	q	$((p→q)∧q)→p$
T	T	T
T	F	T
F	T	F
F	F	T

(表 4.3.3)

　さて，【例1】の論理式は，文記号に対してどのように真理値を付与しようとも，恒に真である．このような論理式は**恒真**（tautology）であるという．【例2】は，恒に偽なので，そのような論理式は"恒偽"であるとか，"矛盾している"という．【例3】のような論理式は，真であったり偽であったりするので，"偶然的"であるとか，"事実的"であるという．なお，【例1】や【例

3〕のように，真となるケースが1つでもある論理式は，"充足可能である" とか "整合的である" という．これらを以下に少し成文化しておく．

【定義 4.3.1】妥当な論理式
A を論理式とする．すべての真理値の付与の下で A が恒に真（T）であるなら，

  (1) 論理式 A は論理的に妥当である

といい，記号 ⊨ を用いて，

  (2) ⊨ A

と表わす．また，(2) を

  (3) 論理式 A は恒真である

とも読む．他方，少なくとも1つの真理値の付与の下で A が偽（F）であるなら，

  (4) 論理式 A は論理的に妥当でない

といい，記号 ⊭ を用いて，

  (5) ⊭ A

と表わす．

代表的な "恒真式" を定理としてまとめておく．

【定理 4.3.1】以下の論理式は恒真である．

  1a 交換法則 $(p \wedge q) \longleftrightarrow (q \wedge p)$
  1b 交換法則 $(p \vee q) \longleftrightarrow (q \vee p)$
  2a 結合法則 $(p \wedge (q \wedge r)) \longleftrightarrow ((p \wedge q) \wedge r)$
  2b 結合法則 $(p \vee (q \vee r)) \longleftrightarrow ((p \vee q) \vee r)$
  3a 分配法則 $(p \wedge (q \vee r)) \longleftrightarrow ((p \wedge q) \vee (p \wedge r))$
  3b 分配法則 $(p \vee (q \wedge r)) \longleftrightarrow ((p \vee q) \wedge (p \vee r))$
  4a ド・モルガンの法則 $\neg (p \wedge q) \longleftrightarrow (\neg p \vee \neg q)$
  4b ド・モルガンの法則 $\neg (p \vee q) \longleftrightarrow (\neg p \wedge \neg q)$
  5a 冪等法則 $(p \wedge p) \longleftrightarrow p$

5b 冪等法則　$(p \vee p) \longleftrightarrow p$
6a 吸収法則　$(p \wedge (p \vee q)) \longleftrightarrow p$
6b 吸収法則　$(p \vee (p \wedge q)) \longleftrightarrow p$
7　2重否定の法則　　$\neg \neg p \longleftrightarrow p$
　　　　　その他
8　　矛盾律　$\neg (p \wedge \neg p)$
9a 同一律　$p \rightarrow p$
9b 同一律　$p \longleftrightarrow p$
10　排中律　$p \vee \neg p$
11　移出律　$((p \wedge q) \rightarrow r) \longleftrightarrow (p \rightarrow (q \rightarrow r))$
12a　$((p \wedge q) \vee (p \wedge \neg q)) \longleftrightarrow p$
12b　$((p \vee q) \wedge (p \vee \neg q)) \longleftrightarrow p$
13a　$(p \wedge (\neg p \vee q)) \longleftrightarrow (p \wedge q)$
13b　$(p \vee (\neg p \wedge q)) \longleftrightarrow (p \vee q)$
14a　　　$(p \rightarrow q) \longleftrightarrow (\neg p \vee q)$
14b　　　$\neg (p \rightarrow q) \longleftrightarrow (p \wedge \neg q)$

上の【定義4.3.1】の中に，【定義4.2.1】で用いられていたのと同じ言葉や記号が用いられていることから容易に察しがつくように，議論形式と論理式の間には密接な関係が存在する．そのことを如実に示しているのが，次の2つの定理，【定理4.3.2】と【定理4.3.3】である．但し，n個の論理式の連言"$(A_1 \wedge A_2 \wedge \cdots \wedge A_n)$"は，通常の連言"$(\ldots((A_1 \wedge A_2) \wedge A_3)\ldots)$"の省略とする．

【定理4.3.2】$A_1, A_2, \cdots, A_n$ および B を論理式とする．$\{A_1, A_2, \cdots, A_n\} \models B$ である時かつこの時に限り，$\models (A_1 \wedge A_2 \wedge \cdots \wedge A_n) \rightarrow B$．
(証明) $\{A_1, A_2, \cdots, A_n\} \models B$ とする．すると，$A_1, A_2, \cdots, A_n$ をすべて同時に真にする真理値の付与で，Bを偽にするような真理値の付与は1つも存在しない．したがって，$(A_1 \wedge A_2 \cdots \wedge A_n) \rightarrow B$ は恒に真である．逆に，$\models (A_1 \wedge A_2 \wedge \cdots \wedge A_n) \rightarrow B$ とする．すると，$A_1, A_2, \cdots, A_n$ をすべて同

時に真にするあらゆる真理値の付与は B を真にする．よって，$\{A_1, A_2, \cdots\cdots, A_n\} \vDash B$．

【定理 4.3.3】A を論理式，{ } を論理式の空集合とする．すると，
　　　{ } $\vDash$ A である時かつこの時に限り $\vDash$ A．
(証明) 上の【定理 4.3.2】において，論理式の集合 $\{A_1, A_2, \cdots\cdots, A_n\}$ を空集合に取ればよい．

【注1】恒真な論理式は，前提をもたない（前提がゼロ個の）論理的に妥当な議論形式である，というのが【定理 4.3.3】の趣旨である．記号 $\vDash$ を使用するのは，そのためである．言うまでもないであろうが，この定理は【定理 4.3.2】の特殊なケースである．

　上の【定理 4.3.2】によれば，議論形式が論理的に妥当であるか否かを調べるには，それに対応する論理式が論理的に妥当であるか否かを調べればよい．【定理 4.3.2】が重要なのはこのためである．なお，以下では，誤解の生じる恐れがない限り，"論理的に" という語は省略する．

【練習問題1】次の論理式が "妥当か否か"（恒真か否か），調べなさい．
　　　(1)　$((p \lor q) \land \neg p) \to q$
　　　(2)　$((p \lor q) \land p) \to \neg q$
　　　(3)　$(\neg(p \land q) \land p) \to \neg q$
　　　(4)　$(((p \lor q) \land (r \lor p)) \land \neg p) \to q$
　　　(5)　$(((p \lor q) \land (r \lor p)) \land \neg p) \to r$
　　　(6)　$(((p \lor q) \land (r \lor p)) \land \neg p) \to (r \lor q)$
　　　(7)　$(((p \to q) \land (q \to r)) \land p) \to r$
　　　(8)　$(((p \to q) \land (q \to r)) \land \neg r) \to \neg p$
　　　(9)　$((p \to q) \land (q \to r)) \to (p \to r)$
　　　(10)　$(((p \to r) \land (q \to r)) \land (p \lor q)) \to r$

　次に，恒偽式と充足可能式について整理しておこう．

【定義 4.3.2】恒偽式
A を論理式とする．すべての真理値の付与の下で A が恒に偽であるなら，
　　(1)　論理式 A は恒偽である
という．

【定義 4.3.3】充足
A を論理式，τ を真理値の付与とする．τ の下で A が真であるなら，
　　(1)　τ は A を充足する
という．また，A を充足する真理値の付与が 1 つでも存在するなら，
　　(2)　A は充足可能である
という．さらに，そのような真理値の付与が 1 つも存在しないなら，
　　(3)　A は充足不可能である
という．

　3 つの定義【定義 4.3.1】〜【定義 4.3.3】から，恒真式，恒偽式および充足可能式の間の関係が直ちに見て取れる．それを定理として掲げておく．

【定理 4.3.4】
A を論理式とする．このとき，
　　(1)　A の否定 ¬A が充足可能であるなら，A は妥当ではない．
　　(2)　A が充足可能であるなら，A の否定 ¬A は妥当ではない．
(証明) (1) について．¬A が充足可能であるなら，¬A が真となる真理値の付与が少なくとも 1 つ存在する．その付与の下では，明らかに，A は偽である．よって，A は妥当ではない．(2) について．A が充足可能であるなら，A が真となる真理値の付与が少なくとも 1 つ存在する．その付与の下では，¬A は偽である．よって，¬A は妥当ではない．

　ところで，われわれは第 2 章 §2.4 において，"文"の間の等値関係というものを導入したが，ここではそれを"論理式"の間の等値関係として捉え返そ

う．

【定義 4.3.4】等値
A と B を論理式とする．双条件法 A←→B が恒真なら，
    (1) A と B は等値である
という．

【注 2】双条件法 A←→B が恒真なら，A と B はすべての真理値の付与の下で，"常に同じ真理値をもつ"から，この定義は，§2.4 の定義（◆2.4.1）と内容的に合致する．なお，前掲の【定理 4.3.1】の恒真式がすべて双条件法なのは，【定義 4.3.4】が念頭にあったからである．

上の【定義 4.3.3】は，充足の概念を 1 個の論理式について定義しているが，これは当然ながら，複数の論理式へ拡張できる．

【定義 4.3.5】同時充足
$A_1, A_2, \ldots, A_n$ を n 個の論理式，τ を真理値の付与とする．τ の下ですべての論理式 $A_1, A_2, \ldots, A_n$ が同時に真であるなら，
    (1) 真理値の付与 τ は論理式の集合 $\{A_1, A_2, \ldots, A_n\}$ を同時に充足する
という．また，$\{A_1, A_2, \ldots, A_n\}$ を同時に充足する真理値の付与が 1 つでも存在するなら，
    (2) 論理式の集合 $\{A_1, A_2, \ldots, A_n\}$ は充足可能である
という．さらに，そのような真理値の付与が 1 つも存在しないなら，
    (3) 論理式の集合 $\{A_1, A_2, \ldots, A_n\}$ は充足不可能である
という．

この【定義 4.3.5】を用いると，次の【定理 4.3.5】の成り立つことは，自明に等しいであろう．

【定理 4.3.5】
　論理式の集合 {p, ¬p} は充足不可能である.
(証明)　p と ¬p を同時に真にする真理値の付与は 1 つも存在しない. よって, 【定義 4.3.5】の (3) により, {p, ¬p} は充足不可能である.

　ところで, 論理式の空集合 { } は, 充足可能であろうか, それとも充足不可能なのであろうか. いささかトリッキーな話だが, 空集合は充足可能なのである. 定理として掲げておこう.

【定理 4.3.6】
　論理式の空集合 { } は充足可能である.
(証明) 空集合が充足不可能であるとする. すると, いかなる真理値の付与の下でも偽となる論理式がなければならない. しかし, 空集合は論理式を含まない. よって, いかなる真理値の付与によっても充足されないような論理式は 1 つも存在しない. かくして, 空集合は充足可能である.

【注3】この定理は, もっと強く, "いかなる真理値の付与も空集合 { } を同時に充足する" と表わすことができる. そして以下でも, この意味で用いられる. なお, この定理を承服しがたい人は, これを "定義" と解釈してもよい.

　この節で充足の概念を導入した最大の目的は, これを用いると, 議論形式の妥当性の意味が, いっそう明瞭になるからである.

【注4】本書では深く立ち入らないが, 充足の概念が威力を発揮するのは述語論理学の意味論においてである. ここでは, "充足する" という用語に慣れることが主たる眼目なのである.

　充足の概念を用いると, §4.2 の【定義 4.2.1】は次のように述べられる.

【定義 4.3.6】妥当な議論形式の新定義
論理式の集合 $\{A_1, A_2, ..., A_n\}$ を同時に充足するすべての真理値の付与がま

た論理式 B を充足するなら，
  (1) 議論形式 "$A_1, A_2, \ldots\ldots, A_n$ ∴ B" は妥当である
という．

 この【定義 4.3.6】と上の【定義 4.3.5】から，直ちに次の定理が導かれる．

【定理 4.3.7】
議論形式 "$A_1, A_2, \ldots\ldots, A_n$ ∴ B" が妥当であるなら，論理式の集合 $\{A_1, A_2, \ldots\ldots, A_n, \neg B\}$ は充足不可能である．
(証明) 議論形式 "$A_1, A_2, \ldots\ldots, A_n$ ∴ B" が妥当であるなら，論理式の集合 $\{A_1, A_2, \ldots\ldots, A_n\}$ を同時に充足するすべての真理値の付与は，また論理式 B を充足する．したがって，それらの真理値の付与はどれも ¬B を充足しない．かくして，論理式の集合 $\{A_1, A_2, \ldots\ldots, A_n, \neg B\}$ は充足不可能である．

 充足の概念を用いると議論形式の妥当性と論理式の妥当性の繋がりが一目瞭然である．最後に，これを取り上げる．まず，【定義 4.3.1】を，次のように書き換える．

【定義 4.3.7】妥当性の新定義
すべての真理値の付与が論理式 A を充足するなら，
  (1) A は論理的に妥当である
といい，記号 ⊨ を用いて
  (2) ⊨ A
と表わす．また，少なくとも 1 つの真理値の付与が論理式 A を充足しないなら，
  (3) A は論理的に妥当でない
といい，記号 ⊭ を用いて
  (4) ⊭ A
と表わす．

今や,【定理 4.3.2】と【定理 4.3.3】が新たな角度から証明できる.

【定理 4.3.2 の別証】$\{A_1, A_2, \ldots, A_n\}$ ⊨ B とする.すると,$\{A_1, A_2, \ldots, A_n\}$ を充足する真理値の付与で B を充足しない真理値の付与は 1 つも存在しない.したがって,$(A_1 \wedge A_2 \wedge \cdots \wedge A_n) \to$ B は,あらゆる真理値の付与によって充足される.逆に,⊨ $(A_1 \wedge A_2 \wedge \cdots \wedge A_n) \to$ B とする.すると,$\{A_1, A_2, \ldots, A_n\}$ を充足するあらゆる真理値の付与は B を充足する.よって,$\{A_1, A_2, \ldots, A_n\}$ ⊨ B.

【定理 4.3.3 の別証】{ } ⊨ A とすると,{ } を充足するあらゆる真理値の付与は A を充足する.また,あらゆる真理値の付与は { } を充足する.(【定理 4.3.6】と【注 3】を参照のこと.)かくして,あらゆる真理値の付与が A を充足する.ゆえに,⊨ A.逆に,⊨ A とすると,あらゆる真理値の付与が A を充足する.したがって,{ } を充足するあらゆる真理値の付与は A を充足する.よって,{ } ⊨ A.

終わりに,【定義 4.3.4】が"等値"の定義として適切であることを確認しておこう.

【定義 4.3.4 の確認】双条件法 A ←→ B が恒真であるとする.すなわち,⊨ A ←→ B とする.すると,あらゆる真理値の付与の下で,論理式 A ←→ B は常に真(T)という真理値をもつ.他方,双条件法の真理条件によれば,それは A と B が"同じ真理値をもつ"場合である.かくして,論理式 A と論理式 B は"等値"である.

§4.4　反例法

議論形式が妥当であるか否か,また論理式が恒真であるか否かは,前節で見たように,真理表によって調べることができる.だが,文記号の数が増えるにつれて,真理表を書くのは少々厄介な作業である.

例えば，議論形式"$p \to r, q \to s, \neg r \wedge \neg s \therefore \neg p \wedge \neg q$"が妥当か否かを真理表で調べようとすると，"真理値の組み合わせ"だけでも16行になる．（各自，確かめなさい．）議論形式が4個の文記号から成るからである．これだけでもけっこう面倒であろう．さらに，文記号が5個の場合は32行，6個の場合は64行．一般に文記号がn個の場合，真理表は"2のn乗"行になる．

そこで，もう少し"実際的"方法を工夫しよう．ヒントは§4.2の【注4】にある．それによれば，

(＊) 議論形式"$A_1, A_2, \cdots\cdots, A_n \therefore B$"が論理的に妥当でない

のは，

(＃) 前提$A_1, A_2, \cdots\cdots, A_n$がすべて真であるのに$B$が偽となる事例

が少なくとも1つ存在する場合である．そこで，まず，そのようなケースを，（議論形式の）妥当性に対する**反例**と呼ぶことにしよう．（なお，§1.5を参照のこと．）すると，

($) 反例が存在しないならば，議論形式は論理的に妥当である

と言えるのだから，

◆4.4.1 与えられた議論形式が論理的に妥当であることを示すには，その議論形式が論理的に妥当でない，つまり反例が存在する，と仮定して矛盾を導けばよい

はずである．このような論法を**反例法**という．

この証明法は，一見複雑に思われるが，実際には，"真理条件"の文字通り，機械的な適用である．なお，念のために付け加えれば，これは**背理法**の応用である．以下に，その具体例を幾つか掲げる．

【例1】$p \to q, \neg q \vDash \neg p$ を反例法で示す．

　(1)　$p \to q, \neg q \nvDash \neg p$

と仮定する．すなわち，

　　議論形式"$p \to q, \neg q \therefore \neg p$"は妥当でない

と仮定するのである．すると，
  (2) p→q と ¬q が共に真である
が
  (3) ¬p が偽である
真理値の付与が少なくとも1つ存在することになる．すると，(2)から，
  (4) p→q は真である
  (5) ¬q は真である
が出てくる．他方，(3)から，
  (6) p は真である
となる．さらに，(5)から，
  (7) q は偽である
が出てくる．すると，(6)と(7)から，
  (8) p→q は偽である
となるが，これは(4)と矛盾する．かくして，最初の仮定は成立しない．よって，
  議論形式 "p→q, ¬q ∴ ¬p" は妥当である．
つまり，
$$p \rightarrow q,\ \neg q \vDash \neg p$$

【練習問題1】上の例に倣って，$p \rightarrow q,\ p \vDash q$ を示しなさい．

【例2】$p \rightarrow q,\ \neg p \nvDash \neg q$ を反例法で示す．
  (1) $p \rightarrow q,\ \neg p \nvDash \neg q$
と仮定する．すなわち，
  議論形式 "p→q, ¬p ∴ ¬q" は妥当でない
と仮定するのである．すると，
  (2) p→q と ¬p は共に真である
が，
  (3) ¬q が偽である
真理値の付与が少なくとも1つ存在することになる．すると，(2)から，

第4章 論理的妥当性● 83

(4)　p→q は真である
　　　(5)　¬p は真である
が得られる．他方，(3) から，
　　　(6)　q は真である
が得られる．さらに，(5) から，
　　　(7)　p は偽である
となる．このとき，(7) と (6) から
　　　(8)　p→q は真である
となり，これは (4) と矛盾しない．よって，仮定 (1) が成立する．言い換えれば，"(7) と (6)" という真理値の付与の下で 2 つの前提が真で結論が偽となる——これが反例である——から，議論形式 "p→q，¬p ∴ ¬q" は妥当でないのである．

【練習問題2】上の例に倣って，"p→q, q ⊭ p" を示しなさい．

　議論形式の妥当性を調べるのに用いた反例法は，恒真式のテストにも直ちに応用できる．

【例3】⊨　((p→q)∧¬q) →¬p　を反例法で示す．
　　　(1)　⊭　((p→q)∧¬q) →¬p
と仮定する．すなわち，
　　　(2)　((p→q)∧¬q) →¬p は恒真ではない
と仮定する．すると，
　　　(3)　(p→q)∧¬q は真である
が
　　　(4)　¬p が偽である
真理値の付与が少なくとも 1 つ存在することになる．(4) から，直ちに
　　　(5)　p は真である
が出てくる．他方，(3) から，
　　　(6)　p→q は真である

(7)　¬q は真である

が得られる．(7) から，

　　(8)　q は偽である

が出てくる．すると，(5) と (8) から

　　(9)　p→q は偽である

となるが，(9) は (6) と矛盾する．したがって，仮定 (1) は成り立たない．よって，

　　⊨　((p→q)∧¬q) →¬p

【練習問題3】上の例に倣って，⊨　((p→q)∧p)→q　を示しなさい．

【例4】⊭　((p→q)∧¬p) →¬q　を反例法で示す．

　　(1)　⊭　((p→q)∧¬p) →¬q

と仮定する．すると，

　　(2)　(p→q)∧¬p は真である

が，

　　(3)　¬q は偽である

真理値の付与が少なくとも1つ存在することになる．(3) から直ちに，

　　(4)　q は真である

が出てくる．他方，(2) から，

　　(5)　p→q は真である

　　(6)　¬p は真である

が出てくる．(6) から，直ちに

　　(7)　p は偽である

となる．このとき，(7) と (4) から，

　　(8)　p→q は真である

となるが，この (8) は (5) と矛盾しない．よって，

　　⊭　((p→q)∧¬p) →¬q

【練習問題4】例に倣って，⊭　((p→q)∧q) →　p を示しなさい．

【練習問題5】次の議論形式が妥当か否か，反例法によって調べなさい．
 (1) p∨q, r∨p, ¬p ∴ q∧r
 (2) p∨q, r∨s, ¬(q∧s) ∴ p∨r
 (3) p→r, q→r, p∨q ∴ r
 (4) p→r, q→s, p∨q ∴ r∨s
 (5) p→r, q→s, ¬r∧¬s ∴ ¬p∧¬q

【練習問題6】次の論理式が恒真か否か，反例法によって調べなさい．
 (1) (((p∨q) ∧ (r∨p)) ∧ ¬p) → (q∧r)
 (2) (((p∨q) ∧ (r∨s)) ∧ (¬(q∧s))) → (p∨r)
 (3) (((p→r) ∧ (q→r)) ∧ (p∨q)) → r
 (4) (((p→r) ∧ (q→s)) ∧ (p∨q)) → (r∨s)
 (5) (((p→r) ∧ (q→s)) ∧ (¬r∧¬s)) → (¬p∧¬q)

第5章 真理木

　この章では，第4章§4.4の反例法を組織化し，1つの"証明方法"として**木形式**に書き改める．これはタブロー（tableau）とも言われるが，"真理木"という呼び方が内容を直接的に表わしているので，本章ではこの呼び名を採用し，"タブロー"という呼称は第6章のために取っておく．

§5.1　符号付き論理式

　Aを論理式とする．このとき，
　　(1)　Aは真である
ということを，
　　(2)　T：A
と表わすことにする．また
　　(3)　Aは偽である
ということを，
　　(4)　F：A
と表わすことにする．(2)および(4)のような表現を"符号付き論理式"と呼ぶ．

【注1】§4.1で詳しく述べたように，論理式の真理値はそれ自体で定まっているものではなく，われわれが文記号に真理値を割り当てることによって定まるものであった．したがって，"論理式Aは真である"とか"論理式Aは偽である"という場合には，常に，

文記号に対する1つの真理値の付与が前提されているのである．しかしながら，§4.4で見たように，その真理値の付与がどのようなものであるかは，実質的には，証明の最終段階に至るまで問われることはない．だから，実際の証明では，論理式に対する"真理値の組み合わせ"に注目するだけで十分なのである．(1) や (3) のような表現を用いるのはそのためである．

§5.2　否定の真理木

否定の真理条件あるいは真理表から，
　　（ⅰ）　T：￢A　なら，F：A
ということは，明らかであろう．このことを，

　　(T￢)

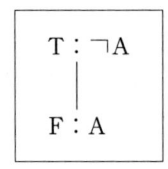

$$\begin{array}{c} T:\neg A \\ | \\ F:A \end{array}$$

と図示することにする．これは1つの"規則"で，左上の記号（T￢）はその名前であるが，定まった読み方はない．仮に，"否定が真な場合"とでも名づけておこう．
同様に，否定の真理条件あるいは真理表から，
　　（ⅱ）　F：￢A なら，T：A
ということも明らかであろう．これを，

　　(F￢)

$$\begin{array}{c} F:\neg A \\ | \\ T:A \end{array}$$

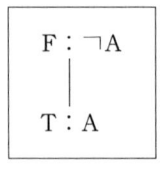

と図示することにする．規則（F¬）を，"否定が偽の場合"と呼ぼう．
　以下にこの規則の適用例を示す．

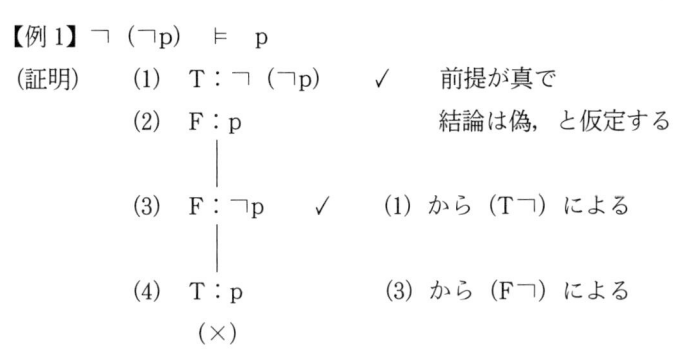

【例1】¬（¬p）⊨ p
(証明)　　(1)　T：¬（¬p）　　✓　　　前提が真で
　　　　　(2)　F：p　　　　　　　　　結論は偽，と仮定する
　　　　　　　　｜
　　　　　(3)　F：¬p　　✓　　(1) から（T¬）による
　　　　　　　　｜
　　　　　(4)　T：p　　　　　　(3) から（F¬）による
　　　　　　　（×）

(説明) (1)は前提，(2)は結論の否定である．つまり，前提は真であるが結論は偽である——反例が存在する——と仮定するのである．(3)は，(1)から，規則（T¬）により，出てくる．(4)は，(3)から，規則（F¬）により出てくる．しかるに，(2)と(4)は矛盾する．このことを，"(×)"で表わす．なお，"✓"は，その左にある"符号付き論理式"について，規則の適用が終了したことを示す．

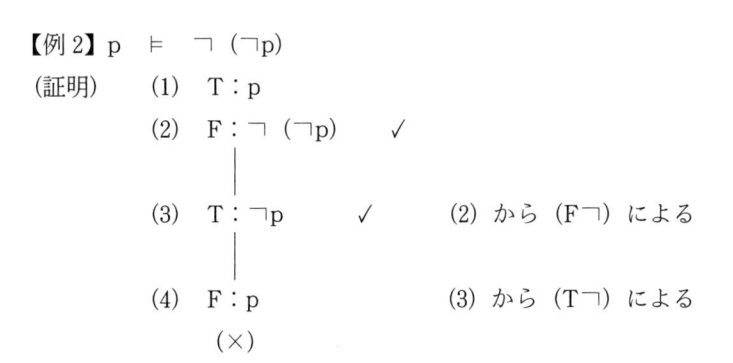

【例2】p ⊨ ¬（¬p）
(証明)　　(1)　T：p
　　　　　(2)　F：¬（¬p）　　✓
　　　　　　　　｜
　　　　　(3)　T：¬p　　　✓　　(2) から（F¬）による
　　　　　　　　｜
　　　　　(4)　F：p　　　　　　(3) から（T¬）による
　　　　　　　（×）

【練習問題1】p，¬p ⊨ q を示しなさい．

§5.3 連言の真理木

連言の真理条件あるいは真理表から,
 (ⅰ) T：A∧B なら, T：A かつ T：B
ということは明らかであろう. これを

 (T∧)

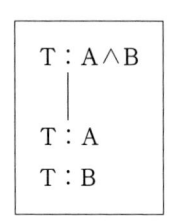

$$
\begin{array}{c}
T：A∧B \\
| \\
T：A \\
T：B
\end{array}
$$

と表わす. この規則で注意すべきことは, "T：A" と "T：B" の 2 つが "T：A∧B" から, 同時に, 直接的に出てくるということである. それゆえ, "T：A" と "T：B" の間に何も書かれていないのである. 他方,
 (ⅱ) F：A∧B なら, F：A かまたは F：B である
ということも, 連言の真理条件あるいは真理表から直ちに理解できよう. これを,

 (F∧)

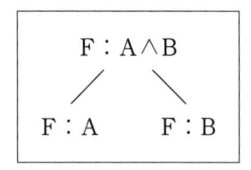

$$
\begin{array}{c}
F：A∧B \\
\diagup \quad \diagdown \\
F：A \quad F：B
\end{array}
$$

と表わすことにする. この規則で注意すべきことは, "F：A∧B" から, それぞれ, "F：A" と "F：B" が, 同時に, 但し別々に出てくるということである. この "別々に" というところを "枝分かれ" で図示しているのである.

郵便はがき

恐縮ですが
切手をお貼
りください

112-0005

東京都文京区
水道二丁目一番一号

勁草書房
愛読者カード係行

(弊社へのご意見・ご要望などお知らせください)

・本カードをお送りいただいた方に「総合図書目録」をお送りいたします。
・HPを開いております。ご利用ください。http://www.keisoshobo.co.jp
・裏面の「書籍注文書」を弊社刊行図書のご注文にご利用ください。より早く、確実にご指定の書店でお求めいただけます。
・代金引換えの宅配便でお届けする方法もございます。代金は現品と引換えにお支払いください。送料は全国一律300円(ただし書籍代金の合計額(税込)が1,500円以上で無料)になります。別途手数料が一回のご注文につき一律200円かかります(2005年7月改訂)。

愛読者カード

10158-0　C3010

本書名　**よくわかる記号論理**

ふりがな
お名前　　　　　　　　　　　　　　　（　　歳）

　　　　　　　　　　　　　　　ご職業

ご住所　〒　　　　　　　　　お電話（　　）　―

本書を何でお知りになりましたか
書店店頭（　　　　　　書店）／新聞広告（　　　　　新聞）
目録、書評、チラシ、HP、その他（　　　　　　　　　）

本書についてご意見・ご感想をお聞かせください。なお、一部をHPをはじめ広告媒体に掲載させていただくことがございます。ご了承ください。

◇書籍注文書◇

最寄りご指定書店				
市　　町（区）　　書店	(書名)	¥	(　)	部
	(書名)	¥	(　)	部
	(書名)	¥	(　)	部
	(書名)	¥	(　)	部

※ご記入いただいた個人情報につきましては、弊社からお客様へのご案内以外には使用いたしません。詳しくは弊社HPのプライバシーポリシーをご覧ください。

【例1】 p∧q ⊨ q∧p

(証明)　　(1)　T：p∧q　　　✓
　　　　　(2)　F：q∧p　　　✓
　　　　　　　　│
　　　　　(3)　T：p　　　　(1) から (T∧) による
　　　　　(4)　T：q　　　　(1) から (T∧) による

　　(5)　F：q　　　　(6)　F：p　　(2) から (F∧) による
　　　　（×）　　　　　　　（×）

(説明) (3) と (4) は，(1) から，(T∧) により同時に出てくる．また，(5) と (6) は，(2) から，それぞれ，(F∧) により出てくる．なお，この証明からわかるように，"枝分かれしない"規則——この場合は (T∧) ——を最初に適用するのが，証明を円滑に進めるコツである．

【練習問題1】次のことを示しなさい．
　　(1)　p, q ⊨ p∧q
　　(2)　p∧ (q∧r) ⊨ (p∧q) ∧r
　　(3)　(p∧q) ∧r ⊨ p∧ (q∧r)

【例2】 ¬p ⊨ ¬ (p∧q)

(証明)　　T：¬p　　　　　✓
　　　　　F：¬ (p∧q)　　 ✓
　　　　　　│
　　　　　F：p
　　　　　　│
　　　　　T：p∧q　　　　✓
　　　　　　│
　　　　　T：p
　　　　　T：q
　　　　　　（×）

第5章　真理木● 91

【注1】 真理木は，厳密に言えば，通常は，この例のように，"符号付き論理式"の右側のチェックマーク以外何も記入しないのであるが，読者の理解を助けるため，以後も，これまでと同様に記載することにする．

【練習問題2】次のことを示しなさい．
  (1) p∧q ⊨ p
  (2) p∧q ⊨ q
  (3) ¬q ⊨ ¬(p∧q)

  前章§4.4の反例法は，議論形式の妥当性のみならず，論理式の妥当性を示すためにも用いられた．それゆえ，真理木は，論理式の妥当性を示すためにも用いることができるはずである．下に，それを例示しよう．

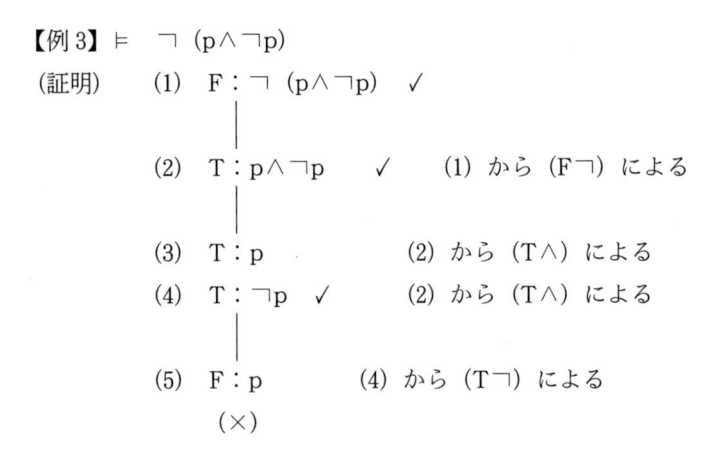

【例3】 ⊨ ¬(p∧¬p)
(証明) (1) F：¬(p∧¬p) ✓
       |
    (2) T：p∧¬p ✓ (1)から（F¬）による
       |
    (3) T：p   (2)から（T∧）による
    (4) T：¬p ✓   (2)から（T∧）による
       |
    (5) F：p   (4)から（T¬）による
      (×)

(説明) 論理式が妥当であるということは，§4.3【定理4.3.3】の【注1】にあるように，前提がゼロ個の，結論だけの議論形式が妥当であるということである．だから，論理式が妥当であることを示すためには，その論理式が妥当でない，すなわち，偽と（なる真理値の付与が少なくとも1つ存在すると）仮定して矛盾を導けばよいのである．上の証明では，まず，(1)で，結論¬(p∧¬p)

を偽と仮定する．後は，これまでと同じ手順で証明を行ない，(5)で矛盾に出会うというわけである．

§5.4 選言の真理木

選言の真理条件あるいは真理表から，
 (ⅰ)　T：A∨Bなら，T：A　かまたは　T：B
ということは，明らかであろう．これを，

 (T∨)

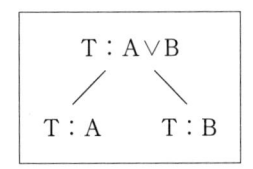

```
        T：A∨B
        /    \
      T：A   T：B
```

と表わすことにする．　他方，
 (ⅱ)　F：A∨Bなら，F：A　かつ　F：B
ということも，選言の真理条件あるいは真理表から明らかであろう．これを

 (F∨)

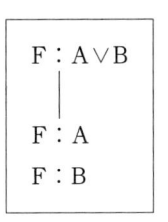

```
   F：A∨B
     |
   F：A
   F：B
```

と表わそう．

【例1】p∨q　⊨　q∨p
(証明)　　(1)　　T：p∨q　　　✓
　　　　　(2)　　F：q∨p　　　✓

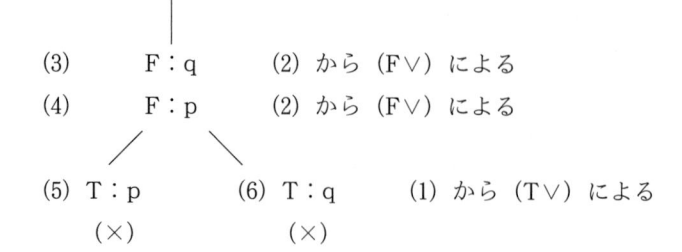

```
            │
   (3)    F：q      (2) から (F∨) による
   (4)    F：p      (2) から (F∨) による
         ╱    ╲
   (5) T：p   (6) T：q    (1) から (T∨) による
       (×)       (×)
```

(説明) (6) の右にある "(1) から (T∨) による" という説明が，(5) にも当てはまることは，明らかであろう．

【練習問題 1】 次のことを示しなさい．
  (1) p∨ (q∨r) ⊨ (p∨q) ∨r
  (2) (p∨q) ∨r ⊨ p∨ (q∨r)

【練習問題 2】 次のことを示しなさい．
  (1) p ⊨ p∨q
  (2) q ⊨ p∨q
  (3) ¬p, ¬q ⊨ ¬ (p∨q)

【練習問題 3】 次のことを示しなさい．
  (1) p∧ (q∨r) ⊨ (p∧q) ∨ (p∧r)
  (2) (p∧q) ∨ (p∧r) ⊨ p∧ (q∨r)
  (3) p∨ (q∧r) ⊨ (p∨q) ∧ (p∨r)
  (4) (p∨q) ∧ (p∨r) ⊨ p∨ (q∧r)

【練習問題 4】次のことを示しなさい．
  (1) ¬ (p∧q) ⊨ ¬p∨¬q
  (2) ¬p∨¬q ⊨ ¬ (p∧q)
  (3) ¬ (p∨q) ⊨ ¬p∧¬q
  (4) ¬p∧¬q ⊨ ¬ (p∨q)

【練習問題 5】次のことを示しなさい．
  (1) p∧ (p∨q) ⊨ p
  (2) p ⊨ p∧ (p∨q)

(3)　p∨（p∧q）　⊨　p
(4)　p　⊨　p∨（p∧q）

【練習問題6】　⊨　p∨¬p　を示しなさい．

§5.5　条件法の真理木

条件法の真理条件あるいは真理表によれば，
　（ⅰ）　T：A→Bなら，F：A　かまたは　T：B
である．これは

(T→)

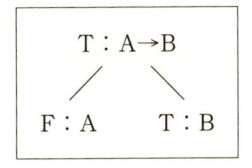

```
┌─────────────┐
│     T：A→B     │
│      /  \      │
│   F：A   T：B   │
└─────────────┘
```

と表わされる．（なお，【定理4.3.1】の14aを参照のこと．）他方，
　（ⅱ）　F：A→Bなら，T：A　かつ　F：B
ということも，条件法の真理条件あるいは真理表から明らかであろう．これは，

(F→)

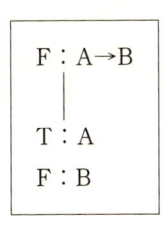

```
┌─────────────┐
│    F：A→B     │
│      │        │
│    T：A       │
│    F：B       │
└─────────────┘
```

と図示できる．（なお，【定理4.3.1】の14bを参照のこと．）

【例1】　p→q,　p　⊨　q

(証明)　　(1)　T：p→q　　✓
　　　　　(2)　T：p
　　　　　(3)　F：q
　　　　　　　／＼
　　　(4) F：p　　(5) T：q　　(1) から (T→) による
　　　　(×)　　　　(×)

【例2】p→q, ¬q ⊨ ¬p
(証明)　　(1)　T：p→q　　✓
　　　　　(2)　T：¬q　　✓
　　　　　(3)　F：¬p　　✓
　　　　　　　｜
　　　　(4)　F：q　　(2) から (T¬) による
　　　　　　　｜
　　　　(5)　T：p　　(3) から (F¬) による
　　　　　　／＼
　　　(6) F：p　　(7) T：q　　(1) から (T→) による
　　　　(×)　　　　(×)

【練習問題1】次のことを示しなさい．
　　(1)　p→q, r→s, p∨r ⊨ q∨s
　　(2)　p∨q, r∨s, q→¬s ⊨ p∨r
【練習問題2】⊨ p→p を示しなさい．
【練習問題3】次のことを確かめなさい．
　　(1)　p→q, q ⊭ p
　　(2)　p→q, ¬p ⊭ ¬q

§5.6　双条件法の真理木

双条件法の真理条件あるいは真理表によれば，

(ⅰ) T：A←→Bなら，T：AかつT：B，かまたは，F：AかつF：Bであることは明らかであろう．これは

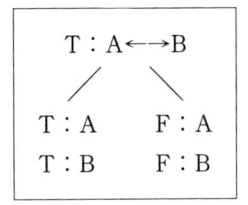

(T←→)

```
        T：A←→B
         ／    ＼
       T：A    F：A
       T：B    F：B
```

と表わせる．他方，

(ⅱ) F：A←→Bなら，T：AかつF：B，かまたは，F：AかつT：Bということも，双条件法の真理条件あるいは真理表から容易に理解できよう．これは

(F←→)

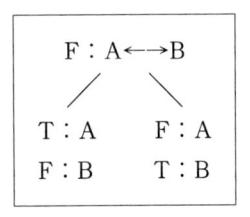

```
        F：A←→B
         ／    ＼
       T：A    F：A
       F：B    T：B
```

と図示できる．

われわれは§5.3の【例3】や§5.4の【練習問題6】で，"前提がゼロ個の議論形式の妥当性"を示した．他方，双条件法がよく用いられるのは，"議論形式"よりもむしろ，"恒真式"の場合なので，ここでは論理式を取り上げるにとどめる．なお，証明は簡略に記す．

【例1】 ⊨ (p→q) ←→ (¬p∨q)
(証明)　　F：(p→q) ←→ (¬p∨q)　　✓

第5章　真理木● *97*

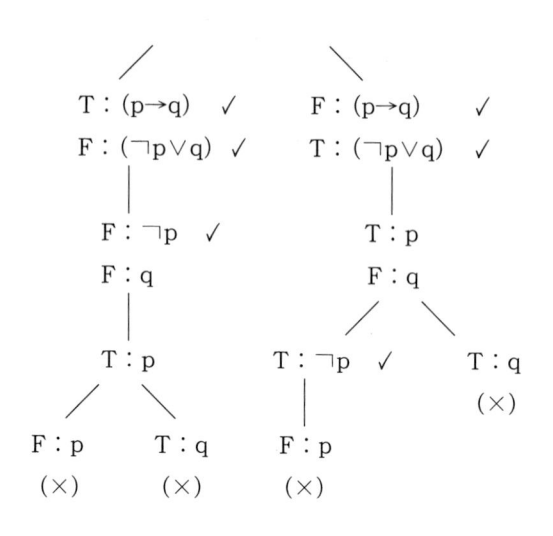

```
            /              \
     T：(p→q)  ✓       F：(p→q)  ✓
     F：(¬p∨q) ✓       T：(¬p∨q) ✓
         │                 │
      F：¬p  ✓           T：p
      F：q               F：q
         │              /     \
      T：p          T：¬p ✓   T：q
      /  \            │        (×)
   F：p  T：q       F：p
   (×)   (×)        (×)
```

【例2】⊨ ¬(p→q) ⟷ (p∧¬q)

(証明)   F：¬(p→q) ⟷ (p∧¬q)   ✓
              /   \
      T：¬(p→q) ✓   F：¬(p→q) ✓
      F：p∧¬q ✓   T：p∧¬q ✓
          │   │
       F：p→q ✓   T：p
          │   T：¬q ✓
        T：p   │
        F：q   F：q
        /   \
     F：p   F：¬q ✓   T：p→q   ✓
     (×)   │   /   \
           T：q   F：p   T：q
           (×)   (×)   (×)
```

【練習問題1】次のことを示しなさい．

(1)　⊨ ((p∨q) ∧ (p∨¬q)) ⟷ p
```

(2) ⊨ ((p∧q) ∨ (p∧¬q)) ⟷ p

【練習問題2】 ⊨ p ⟷ p を示しなさい．

第6章 真理木からタブローへ

前章で学んだ真理木の方法は，それ自体で完結した証明法として，今日広く認められているが，真理木を描く際に用いた"T："や"F："といった符号は，いささか煩雑である．そこで，本章では真理木を全体として簡略化することを考えてみる．

§6.1 真理木の簡略化

¶6.1.1 符号の統一

まず，2個の符号を1個に減らすことを試みる．ごく自然に浮かぶのは，符号"T："を保存して，符号"F："を消去することであろう．まず，

(∗) 論理式Aが偽であるとは，その否定￢Aが真であることにほかならない

から，これを応用すると，

(+) 符号付き論理式"F：A"を符号付き論理式"T：￢A"で置き換える

ことができる．こうして，符号はすべて"T："に統一される．以下，第5章の真理木の"規則"を順次，この方式に書き換えていく．

¶6.1.2 否定の真理木
まず，

(T：¬)

```
┌─────────┐
│  T：¬A  │
│    │    │
│  F：A   │
└─────────┘
```

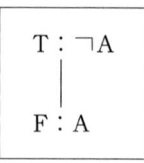

は,

(T*¬)

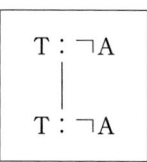

```
┌─────────┐
│  T：¬A  │
│    │    │
│  T：¬A  │
└─────────┘
```

となる．他方,

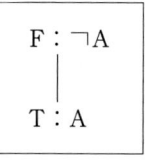

(F：¬)

```
┌─────────┐
│  F：¬A  │
│    │    │
│  T：A   │
└─────────┘
```

は

(F*¬)

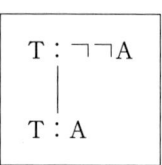

```
┌─────────┐
│  T：¬¬A │
│    │    │
│  T：A   │
└─────────┘
```

となる．
　このうち，(T*¬) は，規則としては，明らかに不要であろう．

¶6.1.3　連言の真理木
まず，

　　(T∧)

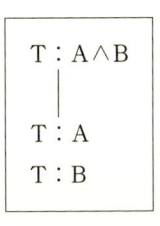

```
┌─────────────┐
│  T：A∧B     │
│     │        │
│  T：A        │
│  T：B        │
└─────────────┘
```

は，変わらない．他方，

　　(F∧)

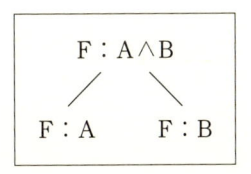

```
┌─────────────┐
│   F：A∧B    │
│    ╱  ╲     │
│  F：A  F：B │
└─────────────┘
```

は

　　(F*∧)

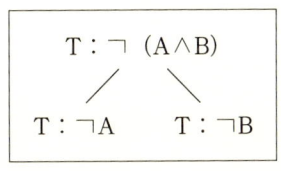

```
┌───────────────┐
│  T：¬(A∧B)    │
│    ╱    ╲     │
│ T：¬A  T：¬B  │
└───────────────┘
```

となる．

¶6.1.4 選言の真理木

まず,

 (T∨)

$$\begin{array}{c} T:A\vee B \\ \diagup \quad \diagdown \\ T:A \quad\quad T:B \end{array}$$

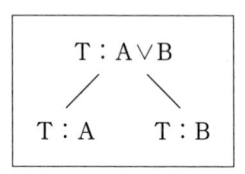

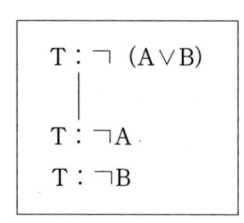

は，変わらない．他方,

 (F∨)

$$\begin{array}{c} F:A\vee B \\ | \\ F:A \\ F:B \end{array}$$

は,

 (F*∨)

$$\begin{array}{c} T:\neg(A\vee B) \\ | \\ T:\neg A \\ T:\neg B \end{array}$$

となる．
　以上述べてきた"新しい"規則の適用例を1つ挙げておこう．

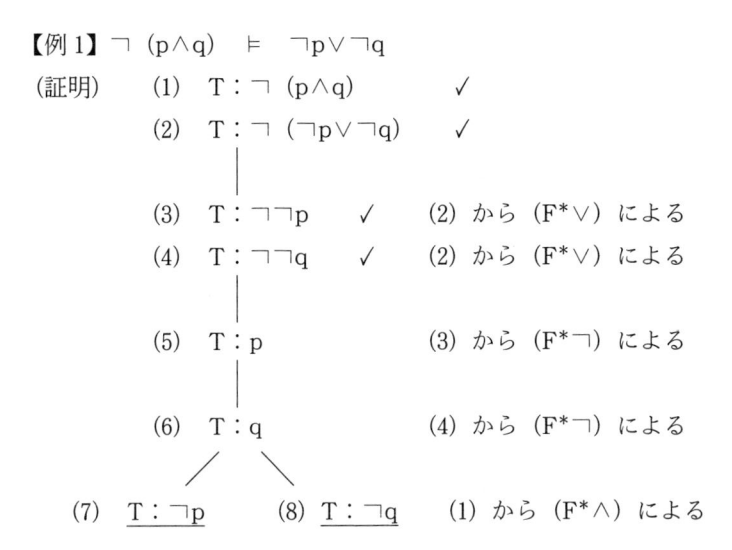

【例1】 ¬(p∧q) ⊨ ¬p∨¬q
(証明)　(1)　T：¬(p∧q)　　　　✓
　　　　(2)　T：¬(¬p∨¬q)　　　✓
　　　　　　　　│
　　　　(3)　T：¬¬p　　✓　　(2) から (F*∨) による
　　　　(4)　T：¬¬q　　✓　　(2) から (F*∨) による
　　　　　　　　│
　　　　(5)　T：p　　　　　　　(3) から (F*¬) による
　　　　　　　　│
　　　　(6)　T：q　　　　　　　(4) から (F*¬) による
　　　　　　　／＼
　　　(7) T：¬p　(8) T：¬q　　(1) から (F*∧) による

(説明) この証明の (6) までは説明を要すまい．枝分かれしている (7) と (8) は，共に (1) から (F*∧) によって導かれたものである．(7) の下線は (5) と (7) が矛盾すること，また (8) の下線は (6) と (8) が矛盾することを意味する．以前の木形式では，同一の文記号の前に，異なる符合"T："と"F："が付されていることで矛盾を表わしたが，新しい木形式では，1つの文記号とその否定が同一の符号"T："をもつことによって矛盾が導かれたことを示しているのである．

¶6.1.5　条件法の真理木

まず，

　　(T→)

$$
\begin{array}{c}
T：A\to B \\
\diagup\quad\diagdown \\
F：A \quad\quad T：B
\end{array}
$$

第6章　真理木からタブローへ　105

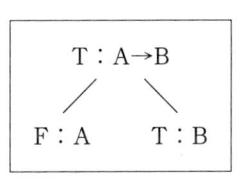

は,

　　($T^*\to$)

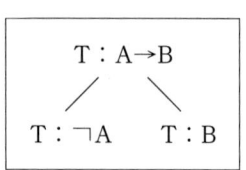

$$\begin{array}{c} T:A\to B \\ \diagup \quad \diagdown \\ T:\neg A \quad T:B \end{array}$$

となる. また,

　　($F\to$)

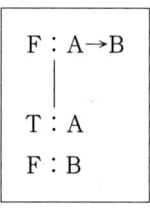

$$\begin{array}{c} F:A\to B \\ | \\ T:A \\ F:B \end{array}$$

は,

　　($F^*\to$)

$$\begin{array}{c} T:\neg(A\to B) \\ | \\ T:A \\ T:\neg B \end{array}$$

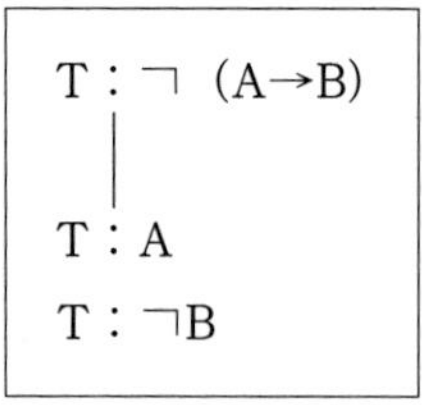

となる. 例を1つ挙げておく.

【例2】 $p\to q$, $\neg q \models \neg p$　　(§5.5の【例2】を参照のこと.)

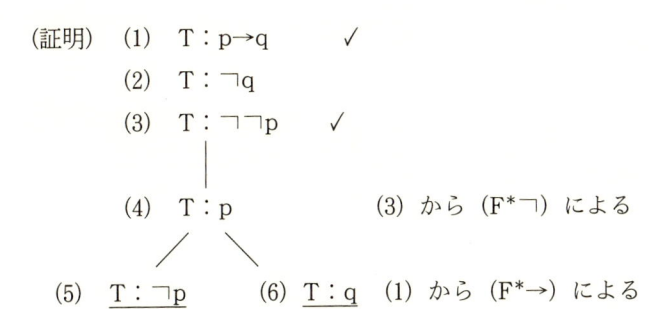

(証明) (1) T：p→q   ✓
　　　 (2) T：¬q
　　　 (3) T：¬¬p   ✓
　　　　　　│
　　　 (4) T：p   (3) から (F*¬) による
　　　　　／＼
(5) T：¬p   (6) T：q   (1) から (F*→) による

¶6.1.6　双条件法の真理木

最後に，双条件法の真理木を見てみよう．まず，

　　(T↔)

$$\boxed{\begin{array}{cc} \multicolumn{2}{c}{T：A↔B} \\ ／ & ＼ \\ T：A & F：A \\ T：B & F：B \end{array}}$$

は，

　　(T*↔)

$$\boxed{\begin{array}{cc} \multicolumn{2}{c}{T：A↔B} \\ ／ & ＼ \\ T：A & T：¬A \\ T：B & T：¬B \end{array}}$$

となる．また，

　　(F：↔)

```
        ┌─────────────────────┐
        │     F : A ←→ B      │
        │      ╱     ╲        │
        │   T : A   F : A     │
        │   F : B   T : B     │
        └─────────────────────┘
```

は,

　　$(F^*\leftrightarrow)$

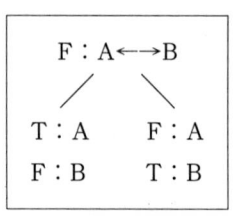

```
        ┌─────────────────────┐
        │   T : ¬ (A ←→ B)    │
        │      ╱     ╲        │
        │   T : A    T : ¬A   │
        │   T : ¬B   T : B    │
        └─────────────────────┘
```

となる．真理木の場合と同様に，論理式の例を１つ掲げておこう．

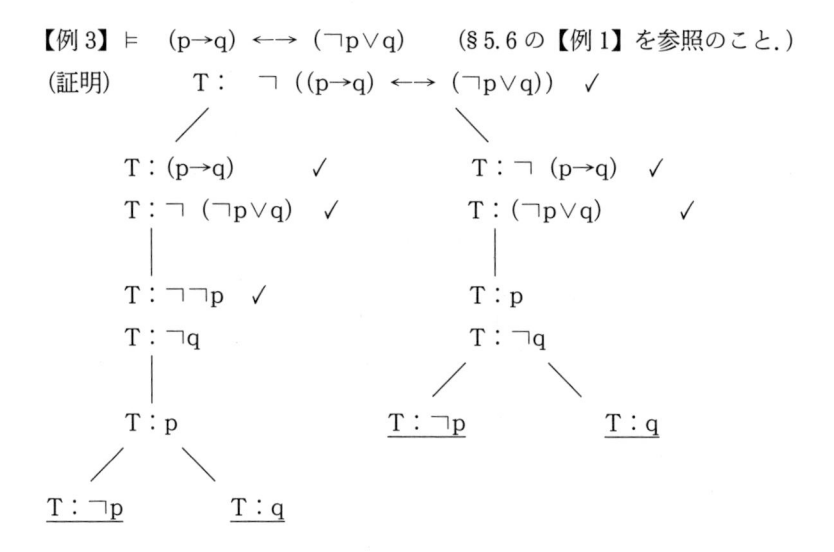

【例3】 ⊨ (p→q) ←→ (¬p∨q)　　(§5.6の【例1】を参照のこと.)

(証明)　　　T： ¬ ((p→q) ←→ (¬p∨q))　✓
　　　　　　　╱　　　　　　　　　╲
　　T：(p→q)　✓　　　　　　T：¬(p→q)　✓
　　T：¬(¬p∨q)　✓　　　　　T：(¬p∨q)　　✓
　　　│　　　　　　　　　　　　│
　　T：¬¬p　✓　　　　　　　T：p
　　T：¬q　　　　　　　　　　T：¬q
　　　│　　　　　　　　　　　╱　　╲
　　T：p　　　　　　　　T：¬p　　T：q
　　╱　╲
T：¬p　　T：q

§6.2　真理木からタブローへ

符号付き論理式の符号は今では，"T：" 1つになったが，さらに一歩進めて，これを完全に除去することを試みる．すなわち，

(∗)　"論理式 A は真である" と主張することは，"論理式 A" を主張することである

と考えると，

(+)　符号付き論理式 "T：A" はすべて論理式 "A" で置き換える

ことができることになる．それによって，真理木から "T：" を取り除くことができるのである．すると，真理木に登場する論理式は，すべて命題言語の論理式に限られることになる．このように簡略化された真理木は，**タブロー**と呼ばれることが多い．以下，前節で得られた結果をタブローとしてまとめておこう．なお，カッコ内の規則名は，あくまでも暫定的なものであることを断っておく．

¶6.2.1　否定のタブロー

否定の真理木のうち，(T∗¬) は不要であるから，残るのは，(F∗¬) から符号 "T：" を除去したものである．すなわち，否定のタブローは，

(P¬)

$$\begin{array}{c} \neg\neg A \\ | \\ A \end{array}$$

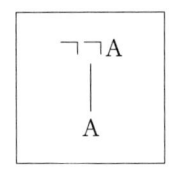

1つである．なお (P¬) は，これまでと同じように，規則の名前で，"P" は "肯定的"（positive）という意味である．

¶6.2.2　連言のタブロー

まず，旧 (T∧) には変更がないので，これに対応する (T∗∧) はなかっ

た．したがって，旧（T∧）から，符号"T："を除去したものが，新しい規則,

(P∧)
```
┌─────────────┐
│    A∧B      │
│     │       │
│     A       │
│     B       │
└─────────────┘
```

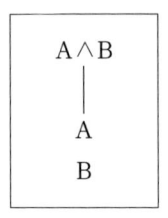

となる．もう1つは，(F*∧) から，符号"T："を取り除いた，

(N∧)
```
┌─────────────┐
│   ¬(A∧B)    │
│    ╱  ╲     │
│   ¬A    ¬B  │
└─────────────┘
```

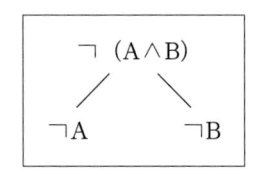

である．規則名（N∧）の"N"は，"否定的"（negative）という意味である．

¶6.2.3 選言のタブロー

まず，旧（T∨）には変更がないので，これに対応する（T*∨）はなかった．したがって，旧（T∨）から，符号"T："を除去したものが，新しい規則,

(P∨)
```
┌─────────────┐
│    A∨B      │
│    ╱ ╲      │
│   A   B     │
└─────────────┘
```

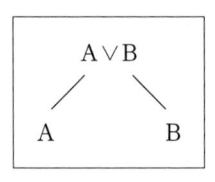

となる．もう1つは，(F*∨) から，符号 "T："を取り除いた，

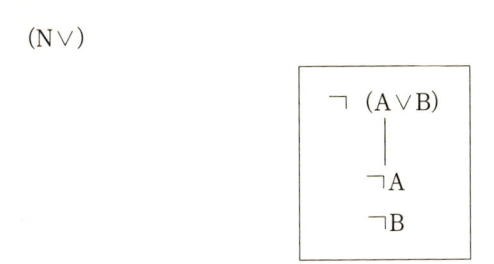

 (N∨)

$$\begin{array}{l}\neg(A\vee B)\\ \quad|\\ \neg A\\ \neg B\end{array}$$

である．例を挙げておこう．

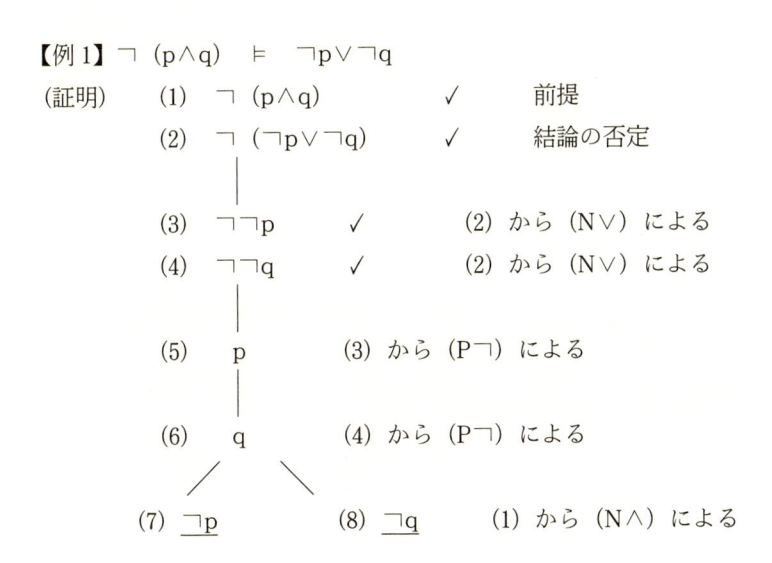

【例1】¬(p∧q) ⊨ ¬p∨¬q
(証明) (1) ¬(p∧q) ✓ 前提
   (2) ¬(¬p∨¬q) ✓ 結論の否定
   (3) ¬¬p   ✓ (2) から (N∨) による
   (4) ¬¬q   ✓ (2) から (N∨) による
   (5) p   (3) から (P¬) による
   (6) q   (4) から (P¬) による
   (7) <u>¬p</u> (8) <u>¬q</u> (1) から (N∧) による

(説明) 改めて言うまでもなく，下線を引いた (7) および (8) が，それぞれ，(5) および (6) と矛盾するのである．

¶6.2.4 条件法のタブロー

まず，(T*→) から，符号 "T："を取り除いたものが，新しい規則，

(P→)

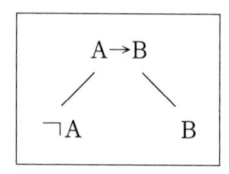

```
┌─────────────┐
│    A→B      │
│    ╱  ╲     │
│  ¬A    B    │
└─────────────┘
```

となる．もう1つは，(F*→) から符号 "T：" を取り除いた

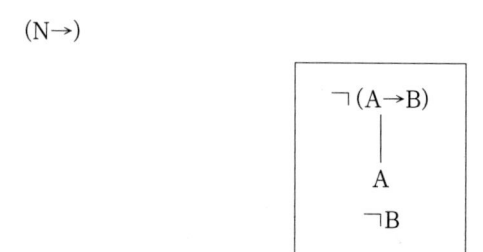

(N→)

```
┌─────────────┐
│  ¬(A→B)     │
│     │       │
│     A       │
│    ¬B       │
└─────────────┘
```

である．次の例では，"1重"否定の前提の働きがポイントである．

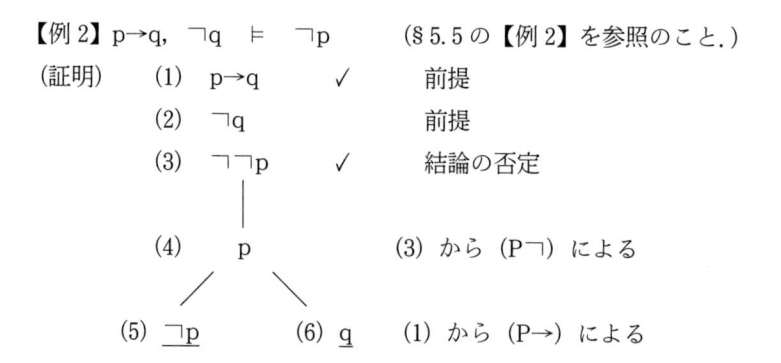

【例2】 $p→q,\ ¬q\ ⊨\ ¬p$ （§5.5 の【例2】を参照のこと．）

(証明)　(1)　$p→q$　　　✓　　前提
　　　　(2)　$¬q$　　　　　　　前提
　　　　(3)　$¬¬p$　　　✓　　結論の否定
　　　　　　　　│
　　　　(4)　　p　　　　　　(3) から (P¬) による
　　　　　　　╱　╲
　　　(5) $¬p$　　(6) q　　(1) から (P→) による

(説明) (5) が (4) と，また (6) が (2) と矛盾するのは明らかであろう．但し，タブローでは1重否定に適用する規則がないので，(2) にチェックマークは付されない．

¶6.2.5　双条件法のタブロー

まず，($T^*\leftrightarrow$) から符号"T："を取り除いたものが，新しい規則，

($P\leftrightarrow$)

```
        A↔B
       /   \
      A    ¬A
      B    ¬B
```

となる．もう1つは，($F^*\leftrightarrow$) から，符号"T："を取り除いた，

($N\leftrightarrow$)

```
        ¬(A↔B)
       /     \
      A      ¬A
     ¬B       B
```

である．

この規則を論理式に適用したのが，次の【例3】である．なお，チェックマーク以外はすべて省略する．

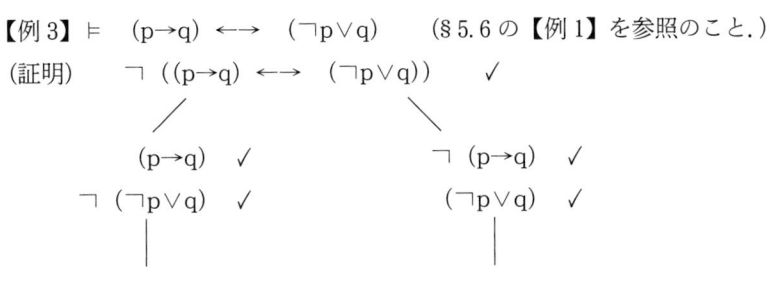

【例3】⊨　(p→q) ↔ (¬p∨q)　　(§5.6の【例1】を参照のこと.)
(証明)　¬((p→q) ↔ (¬p∨q))　✓
```
         /                    \
    (p→q)  ✓            ¬(p→q)  ✓
  ¬(¬p∨q)  ✓             (¬p∨q) ✓
     |                      |
```

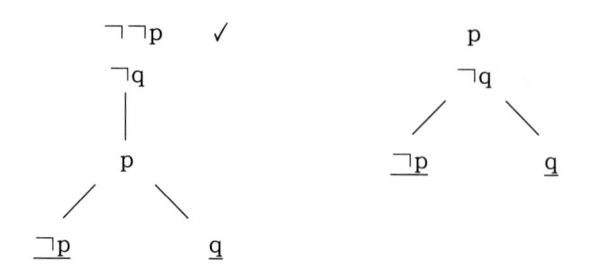

$$
\begin{array}{cc}
\neg\neg p \quad \checkmark & p \\
\neg q & \neg q \\
| & \diagup \diagdown \\
p & \underline{\neg p} \quad \underline{q} \\
\diagup \diagdown & \\
\underline{\neg p} \quad \underline{q} &
\end{array}
$$

第7章 自然演繹

　第5章の"真理木"および第6章の"簡略化された真理木"と"タブロー"は，ほとんど機械的な手続きから成り，習得も容易である．そこで証明されることは，前提を真，結論を偽と仮定すると矛盾が生じるので，この議論形式の前提からその結論は論理的に出てくると言ってよい，ということである．しかしながら，その結論が，与えられた前提から"どのようにして導かれるか"は，明らかではない．普通，われわれが"証明"ということで考えるのは，この"導出過程"を明示することであろう．そのような証明法の代表的なものが"自然演繹"と呼ばれる演繹体系である．本章ではこれを取り上げる．

　演繹体系だからといって，しかしながら，まったく新しいことを学ぶわけではない．基本はあくまでも，"結合記号の意味"にある．第2章と第3章では，結合記号の意味は"真理"条件（と，それを図表にした真理表）によって表わされたが，ここでは，"推論"方式によって表わされる．すなわち，結合詞"かつ"，"または"，"ならば"および"…でない"が議論において果たす基本的役割を推論規則として定式化するのである．また，結合記号に対する真理木が，それぞれ，一対あったのと同じように，推論規則も各結合記号に対しそれぞれ一対ずつ成文化される．

　まず規則を述べ，次いでそれを例示するという順序で進もう．なお，叙述を簡潔にするため，以下では，"論理式"を単に"式"と表わすことにする．

§7.1 ∧についての推論規則

¶7.1.1 ∧‐導入の規則

演繹のある段階で式 A と式 B が与えられたら，結論として式 A∧B を導いてよい．なお，結論 A∧B は，前提 A または B が依存するすべての仮定に依存する．これを簡単に〈∧‐導入〉と呼ぶ．これは，通常，次のように図示される．

$$\frac{A \quad B}{A \wedge B} \quad \wedge\text{‐導入}$$

¶7.1.2 ∧‐除去の規則

演繹のある段階で式 A∧B が与えられたら，結論として，それぞれ，式 A および B を導いてよい．なお，結論 A および B が依存する仮定は，前提 A∧B が依存する仮定と同じである．これを，簡単に〈∧‐除去〉と呼ぶ．これは，通常，次のように図示される．

$$\frac{A \wedge B}{A} \quad \wedge\text{‐除去} \qquad \frac{A \wedge B}{B} \quad \wedge\text{‐除去}$$

【注1】この2つの"推論方式"は，特に説明を要すまい．例えば，〈∧‐導入〉について言えば，2つの前提 A と B が真であれば，結論 A∧B も真であるから，このような議論は"健全"であろう．同じことは，〈∧‐除去〉についても成り立つ．以下に述べる推論規則についても，各自，このような理解を試みることが望ましい．なお，〈∧‐除去〉には，2つの形があるので，〈∧‐除去左〉とか，〈∧‐除去右〉というように，細かく述べる場合もあるが，ここではその区別は立てないことにする．

【例1】 p∧q から q∧p を導くことができる．
(証明)

$$\frac{p \wedge q}{q} \wedge\text{‐除去} \quad \frac{p \wedge q}{p} \wedge\text{‐除去}$$
$$\frac{}{q \wedge p} \wedge\text{‐導入}$$

(説明) 少し説明を加えておこう．一番下の q∧p は，すぐ上の 2 つの前提 q と p からの，推論規則〈∧−導入〉による結論である．次に，この q は，前提 p∧q からの，推論規則〈∧−除去〉による結論である．また，p も同じ前提からの，同じ推論規則――但し，左と右の違いはある――による結論である．では，一番上の，p∧q はどのようにして導かれたのだろうか．それは，仮定である．これは，仮定したから，ここに導かれたのである．先へ進むにしたがって自ずと理解も進むはずであるが，一番上の論理式だけが，推論規則を用いないで，つまり，仮定することによって，導かれるのである．また，仮定は，後に"消去されるまで"，何度用いてもよいはずである．ここでは，2 度用いられている．

　　上の【例 1】が示しているように，推論規則を適用して，
　　　（＊）　p∧q から q∧p を導くことができる
のである．そして，この（＊）を記号"⊢"を用いて簡潔に，
　　　（＋）　p∧q　⊢　q∧p
と表わすことにしよう．他の場合も同様である．なお，記号 ⊢ もターンスタイルと呼ばれる．

【練習問題 1】次のことを証明しなさい．
　　(1)　q∧p　⊢　p∧q
　　(2)　p∧ (q∧r)　⊢　(p∧q) ∧r
　　(3)　(p∧q) ∧r　⊢　p∧ (q ∧r)
　　(4)　p∧p　⊢　p
　　(5)　p　⊢　p∧p

【注 2】ここで"前提"と"仮定"の違いについて少し注記しておこう．いくぶん循環してはいるが，次のような説明が役に立つだろう．演繹全体の仮定，つまり演繹の最後まで残っている仮定を演繹の前提，演繹の途中で議論のために一時的に前提（あるいは仮定）され，後に消去される式を仮定という．なお，これとは別に，"推論規則の前提・

結論"がある．厳密には，推論規則ごとに指定されるべきものであるが，ごく大雑把に言えば，推論規則の図において，棒線の上にある式がこの規則の前提で，下にある式がこの規則の結論である．

§7.2　∨についての推論規則

¶7.2.1　∨‐導入の規則

　演繹の過程で式Aまたは式Bが与えられたら，式A∨Bを結論として導いてよい．結論A∨Bが依存する仮定は，それぞれ，前提Aが依存する仮定と前提Bが依存する仮定と同じである．これを，簡単に〈∨‐導入〉と呼ぶ．通常，次のように図示する．

$$\frac{A}{A \lor B} \lor\text{‐導入} \qquad \frac{B}{A \lor B} \lor\text{‐導入}$$

¶7.2.2　∨‐除去の規則

　演繹の過程で①式A∨Bが与えられているとする．また，②式Aを仮定し，（必要なら他の仮定も用いて），式Cを導いたとする．さらに，③式Bを仮定し，（必要なら他の仮定も用いて），式Cを導いたとする．このとき，式A∨Bを前提として結論Cを導いてよい．但し，結論Cは，②において式Cを導くのに用いた仮定Aと，③において式Cを導くのに用いた仮定Bにはもはや依存しない．これを，簡単に〈∨‐除去〉という．なお，この規則を適用する際，2つの仮定AとBを"消去（discharge）する"ことができる．図示すると，こうなる．

$$\frac{A \lor B \quad \begin{array}{c}\overline{}^{(i)}\\ A\\ \vdots\\ C\end{array} \quad \begin{array}{c}\overline{}^{(i)}\\ B\\ \vdots\\ C\end{array}}{C} \quad (i),\ \lor\text{‐除去}$$

2つの仮定 A と B の上の横棒はこれらの仮定を最終的には"消去する"ことを示す．それらの右にある"(i)"は，この消去という操作を"i"番目に行なう，ということを意味する．

【例1】 $p \vee q \vdash q \vee p$

(証明)
$$\cfrac{p \vee q \quad \cfrac{\overline{p}^{(1)}}{q \vee p}\vee\text{-導入} \quad \cfrac{\overline{q}^{(1)}}{q \vee p}\vee\text{-導入}}{q \vee p}(1), \vee\text{-除去}$$

(説明) 少し説明を加えよう．まず，p を仮定して $q \vee p$ を導く．次に，q を仮定して $q \vee p$ を導く．他方，$p \vee q$ が与えられている．（ここでは，演繹全体の仮定という意味での前提である．）よって，$q \vee p$ を結論として導いてよい．この結論 $q \vee p$ はもはや，2つの仮定 p と q には依存しない．よって，この2つの仮定 p と q は消去できる．このことを，それらの式の上に棒線を書き，1番目の消去なので，算用数字で，(1) と記す．また，同じ数字を，この規則を適用する場面にも記入する．

【練習問題1】次のことを証明しなさい．
(1) $q \vee p \vdash p \vee q$
(2) $p \vee (q \vee r) \vdash (p \vee q) \vee r$
(3) $(p \vee q) \vee r \vdash p \vee (q \vee r)$
(4) $p \vee p \vdash p$
(5) $p \vdash p \vee p$

【注1】自然演繹で気をつけなければならないのは，規則に付されている簡略な名称である．特に，〈∨ - 除去〉という名称には，注意を要する．この規則は，〈場合分けの証明〉と呼ぶほうがよいのだが，ある種の便利さから，現在でもこの名称が広く用いられている．

【例2】 (p∧q) ∨ (p∧r) ⊢ p∧ (q∨r)
(証明)

$$
\cfrac{(p\wedge q)\vee(p\wedge r) \quad \cfrac{\cfrac{\overline{p\wedge q}^{(1)}}{p}\wedge\text{除去} \quad \cfrac{\cfrac{\overline{p\wedge q}^{(1)}}{q}\wedge\text{-除去}}{q\vee r}\vee\text{-導入}}{p\wedge(q\vee r)}\wedge\text{-導入} \quad \cfrac{\cfrac{\overline{p\wedge r}^{(1)}}{p}\wedge\text{-除去} \quad \cfrac{\cfrac{\overline{p\wedge r}^{(1)}}{r}\wedge\text{-除去}}{q\vee r}\vee\text{-導入}}{p\wedge(q\vee r)}\wedge\text{-導入}}{p\wedge(q\vee r)}(1),\vee\text{-除去}
$$

第5章の真理木と同じように，適用された推論規則の名称は必ずしも記入する必要はないが，読者の学習を助けるために，今後も記載する．なお，仮定を消去する際の番号は必ず記入しなければならない．

【練習問題2】次のことを証明しなさい．

(1) p∧ (q∨r) ⊢ (p∧q) ∨ (p∧r)
(2) p∨ (q∧r) ⊢ (p∨q) ∧ (p∨r)
(3) (p∨q) ∧ (p∨r) ⊢ p∨ (q∧r)
(4) p∧ (p∨q) ⊢ p
(5) p ⊢ p∧ (p∨q)
(6) p∨ (p∧q) ⊢ p
(7) p ⊢ p∨ (p∧q)

§7.3 →についての推論規則

¶7.3.1 →-導入の規則

式Aを仮定し，(必要なら他の仮定を用いて)，式Bが導かれたら，条件法A→Bを結論として導いてよい．結論A→Bはもはや仮定Aには依存しない．これを，簡単に〈→-導入〉と呼ぶ．なお，この規則を適用するとき，仮定Aを消去できる．図示すれば，次のようになる．

$$\cfrac{\quad\quad}{A}\text{(i)}$$

.

.

$$\cfrac{B}{A\ \rightarrow\ B}\text{(i)}, \rightarrow\text{-導入}$$

¶7.3.2 →-除去の規則

演繹の過程で，式 A と式 A→B が与えられたら，式 B を結論として導いてよい．結論 B は，前提 A が依存する仮定と前提 A→B が依存する仮定のすべてに依存する．これを簡単に〈→-除去〉という．図示すれば，次のようになる．

$$\cfrac{A\quad\quad A\ \rightarrow\ B}{B}\ \rightarrow\text{-除去}$$

【例1】 p→q, p→(q→r) ⊢ p→r

(証明)

$$\cfrac{\cfrac{\cfrac{\overline{p}^{(1)}\quad p\rightarrow q}{q}\rightarrow\text{-除去}\quad \cfrac{\overline{p}^{(1)}\quad p\rightarrow(q\rightarrow r)}{q\rightarrow r}\rightarrow\text{-除去}}{r}\rightarrow\text{-除去}}{p\rightarrow r}\text{(1)}, \rightarrow\text{-導入}$$

【練習問題1】次のことを証明しなさい．

(1) p→q, p→r ⊢ p→(q∧r)
(2) p→q, q→r ⊢ p→r
(3) p→r, q→r, p∨q ⊢ r
(4) p→q, r→s, p∨r ⊢ q∨s

【注1】上の〈→-導入〉は，一般には，"条件証明"と呼ばれるもので，"AならばB"ということを証明するには，"Aを仮定して，Bを導けばよい"ということである．(なお，§3.1の¶3.1.2を参照のこと．)

上の【例1】では，〈→-導入〉は1度しか用いられていないが，消去できる仮定がある限り，この規則は何度でも使用できるはずである．【例1】では，まだ仮定が2つ残っているので，それに〈→-導入〉をさらに2度適用すると，最後には，仮定が1つもない，

　　(∗) "(p→q) → ((p→ (q→r)) → (p→r))" を導くことができる

のである．以下では，(∗)を

　　⊢ (p→q) → ((p→ (q→r)) → (p→r))

と表わすことにする．念のため，下にその"演繹"の図を記載しておく．

【例2】⊢ (p→q) → ((p→ (q→r)) → (p→r))
(証明)

$$
\cfrac{\cfrac{\cfrac{\cfrac{\cfrac{\underline{p}^{(1)}\quad \underline{p\to q}^{(3)}}{q}\to\text{-除去}\quad \cfrac{\underline{p}^{(1)}\quad \underline{p\to(q\to r)}^{(2)}}{q\to r}\to\text{-除去}}{r}\to\text{-除去}}{p\to r}\ (1),\to\text{-導入}}{(p\to(q\to r))\to(p\to r)}\ (2),\to\text{-導入}}{(p\to q)\to((p\to(q\to r))\to(p\to r))}\ (3),\to\text{-導入}
$$

〈→-導入〉の規則は，結論として条件法A→Bを導くということと，仮定を消去するという，2つの部分から成り立っている．大抵の場合は，【例1】や【例2】のように，A以外の仮定を用いてBを導き，その事実を根拠にして，A→Bという結論を引き出すのである．

ところで，この規則において，Bが仮定Aと同じであるとしたら，どうであろうか．

〈→-導入〉の図は，

```
        ────(i)
         A
         ·
         ·
         A
        ─────(i),  →-導入
        A → A
```

となるであろう．しかし，点線の部分は，普通の演繹ではない．Aを仮定した，その直接の結果として，Aが導かれたのである．すると，同一律"p→p"は，下の【例3】のように"証明"されることになる．

【例3】 ⊢ p→p
(証明)
```
        ───(1)
         p
        ─────  (1), →-導入
        p→p
```

〈→-導入〉の適用例として，次に，"q→（p→q）"の証明を2つ掲げておく．

【例4】 ⊢q→（p→q）

(証明1)
```
    ───(1)  ───(2)
     p        q
    ──────────── ∧-導入
       p∧q
      ────── ∧-除去
        q
      ─────── (1), →-導入
        p→q
      ─────────── (2), →-導入
       q→（p→q）
```

(証明2)
```
        ───(1)
         q
        ─────── →-導入
         p→q
        ─────────── (1), →-導入
         q→（p→q）
```

(説明) 2つの証明のうち，左側の証明のほうがわかりやすいが，最初の2行が空回りしていることも事実である．他方，右側の証明の最初の〈→ - 導入〉は，仮定"q"を消去しない場合である．"q"が与えられたら，直ちに"p→q"を導いてよい，というのが，この場合の〈→ - 導入〉である．注意すべきことは，"仮定を消去できる"規則を用いる場合，"仮定の消去は義務ではない"，ということである．

§7.4　¬についての推論規則

　ある文とその否定が導かれたら，それは**矛盾**が導かれた，ということであろう．では，矛盾が導かれたら，どのようにしたらよいのだろうか．それは明らかだ．矛盾を導くのに用いられた"仮定を消去する"のである．このことを規則として成文化したのが，"¬についての規則"である．

　さて，矛盾を記号"⊥"で表わすことにすると，2つの規則は以下のようになろう．

¶ 7.4.1　〈¬ - 導入〉の規則

　式 A を仮定し，(必要なら他の仮定を用いて)，矛盾⊥が導かれたなら，¬A を結論として導いてよい．結論¬A は，もはや仮定 A には依存しない．これを簡単に〈¬ - 導入〉と呼ぶ．なお，この規則を適用する際，仮定 A を消去することができる．図示すれば，次のようになる．

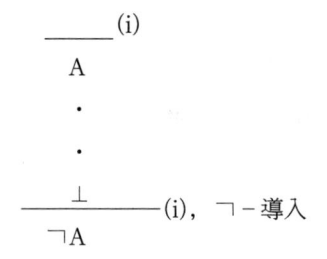

```
    ─────(i)
      A
      .
      .
    ─⊥──────(i), ¬ - 導入
     ¬A
```

¶7.4.2 〈¬-除去〉の規則

式 A とその否定 ¬A が導かれたら，⊥を結論として導いてよい．これを簡単に〈¬-除去〉と呼ぶ．なお結論⊥は，前提 A が依存する仮定と前提 ¬A が依存する仮定のすべてに依存する．図示すれば，次のようになる．

$$\frac{A \qquad \neg A}{\bot} \quad \neg\text{-除去}$$

【例1】 $p \to q, \neg q \vdash \neg p$

(証明)

$$\frac{\dfrac{\overline{p}^{(1)} \quad p \to q}{q} \to\text{-除去} \quad \neg q}{\dfrac{\bot}{\neg p} \quad (1), \neg\text{-導入}} \neg\text{-除去}$$

【注1】"あることを否定しようと思えば，それを仮定して矛盾を導けばよい"というのが〈¬-導入〉の規則である．そして，上の例のように，まず"矛盾"を導くことを考えるのである．

いわゆる矛盾律 "$\neg(p \land \neg p)$" は，次のように証明される．

【例2】 $\vdash \neg(p \land \neg p)$

(証明)

$$\frac{\dfrac{\overline{p \land \neg p}^{(1)}}{p} \land\text{-除去} \quad \dfrac{\overline{p \land \neg p}^{(1)}}{\neg p} \land\text{-除去}}{\dfrac{\bot}{\neg(p \land \neg p)} \quad (1), \neg\text{-導入}} (1), \neg\text{-除去}$$

【練習問題1】次のことを証明しなさい．
   (1) p ⊢ ¬¬p
   (2) ¬p ⊢ ¬(p∧q)
   (3) ¬p, ¬q ⊢ ¬(p∨q)
   (4) p, ¬q ⊢ ¬(p→q)

【練習問題2】次のことを証明しなさい．
   (1) ¬p∨¬q ⊢ ¬(p∧q)
   (2) ¬(p∨q) ⊢ ¬p∧¬q
   (3) ¬p∧¬q ⊢ ¬(p∨q)

§7.5 矛盾についての推論規則

これまで述べてきた4組の"導入・除去"の規則から成る演繹体系は，**最小命題論理**と呼ばれる．

ところで，前節§7.4の"¬についての規則"は，記号⊥を用いて定式化されているが，この記号の表わす"矛盾"自体については何も述べられていない．では，矛盾とは何だろうか．この問題は，純論理的に見る限りでは，きわめて簡単である．われわれが矛盾を嫌うのは，矛盾が生じたらすべてはおしまいだからである．つまり，"いったん矛盾が生じたら，それから先，結論として何を導いてもよい"のである．これを成文化したのが，次の，⟨⊥⟩の規則である．

¶7.5.1 ⟨⊥⟩の規則

演繹の過程で矛盾⊥が導かれたら，結論としてどのような式Aを導いてもよい．これを⟨⊥⟩の規則と名付けよう．なお，結論Aが依存する仮定は，前提⊥が依存する仮定と同じである．図示すれば，下のようになる．但し，規則名と矛盾（を表わす記号）との混同を避けるため，この規則に限り，その名前を⟨⊥⟩と記すことにする．

$$\frac{\bot}{A} \quad \langle\bot\rangle$$

なお，最小命題論理に，$\langle\bot\rangle$ の規則を加えたものを**直観主義命題論理**という．

【例1】 ¬p ⊢ p→q

(証明)

$$\frac{p \quad \overline{\neg p}^{(1)}}{\frac{\bot}{\frac{q}{p \to q}\,(1),\ \to -導入}}\langle\bot\rangle \quad \neg-除去$$

【練習問題1】次のことを証明しなさい．

(1) p∨q, ¬p ⊢ q

§7.6 排中律

前節までに証明されていない論理法則に，排中律 "p∨¬p" がある．これを証明するには，どのようにすればよいであろうか．解決策の1つは，これを**公理**として採用することである．つまり，"p∨¬p" を演繹のいかなる段階においても，何の仮定もなしに用いてよいと定めるのである．下の図で，式の上に棒線だけが引かれて，数字が記入してないのは，その式が公理であることを示すためである．

¶7.6.1 公理としての排中律

$$\frac{}{A \lor \neg A}$$

【例1】 ¬¬p ⊢ p
(証明)

$$
\cfrac{\cfrac{}{p \vee \neg p}\quad \cfrac{}{p}^{(1)}\quad \cfrac{\cfrac{\neg p \quad \neg\neg p}{\bot}\neg\text{-除去}}{p}\langle\bot\rangle}{p}\;(1),\vee\text{-除去}
$$

直観主義命題論理に排中律を加えたものを，一般に，**古典命題論理**という．【例1】が示すように，ここで初めて，"2重否定の法則"や"対偶の法則"など，よく知られている論理法則が証明されるのである．

【練習問題1】次のことを証明しなさい．
  (1) ¬q→¬p ⊢ p→q
  (2) ¬(p∧q) ⊢ ¬p∨¬q

§7.7　推論規則の相互導出可能性

古典命題論理を構築するには，直観主義命題論理に排中律を加えるだけではなく，ほかに幾つかの方法がある．まず，推論規則を列挙し，その後，それらの間の相互導出可能性を探る．なお，叙述はいくぶん簡略にする．

¶7.7.1　背理法

否定¬Aを仮定して矛盾⊥が導かれたら，式Aを結論として導いてよい．なお，仮定¬Aは消去できる．これが，いわゆる背理法である．これを"RAA"(reductio ad absurdum) と略記しよう．図示すると，次のようになる．（なお，§1.6の【注1】および§4.4を参照のこと.）

$$\cfrac{\quad\quad}{\neg A}(i)$$
$$\vdots$$
$$\cfrac{\bot}{A}(i),\ \text{RAA}$$

¶7.7.2　2重否定の規則

2重否定¬¬Aが導かれたら，式Aを結論として導いてよい．これを2重否定の規則といい，"DN"（double negation）と略記することにする．その図は，当然こうなる．

$$\cfrac{\neg\neg A}{A}\text{DN}$$

さて，§7.6の【例1】が示すように，まず，

◆7.7.1　排中律から2重否定の規則を導くことができる

ことがわかる．
次いで，

$$\cfrac{\cfrac{\cfrac{A}{A\vee\neg A}\vee\text{-導入}\quad\cfrac{(2)}{\neg(A\vee\neg A)}}{\cfrac{\bot}{\neg A}(1),\ \neg\text{-導入}}\neg\text{-除去}}{}$$

$$\cfrac{\cfrac{\neg A}{A\vee\neg A}\vee\text{-導入}\quad\cfrac{(2)}{\neg(A\vee\neg A)}}{\cfrac{\bot}{}(2),\ \neg\text{-導入}}\neg\text{-除去}$$

$$\frac{\neg\neg(A\vee\neg A)}{A\vee\neg A}\ \text{DN}$$

このようにして，

◆7.7.2　2重否定の規則から排中律を導くことができる

ことも証明できる．

【練習問題1】次のことを証明しなさい．
　(1)　排中律と背理法は，相互に導くことができる．
　(2)　背理法と2重否定の規則は，相互に導くことができる．

§7.8　双条件法について

　双条件法 A←→B は，通常，条件法と連言によって定義されるので（§3.2 の¶3.2.1を参照のこと），自然演繹の体系においては，双条件法に関する導入・除去の規則を定式化することはない．つまり，"双条件法 A←→B の証明"は，次のように行なわれるのである．

$$\frac{\dfrac{\dfrac{\overline{A}^{(i)}}{\vdots}}{\dfrac{B}{A\to B}(i),\ \to\text{-導入}}\quad \dfrac{\dfrac{\overline{B}^{(j)}}{\vdots}}{\dfrac{A}{B\to A}(j),\ \to\text{-導入}}}{(A\to B)\ \wedge\ (B\to A)}\ \wedge\text{-導入}$$

　また，双条件法 A←→B が与えられた場合，つまり，(A→B)∧(B→A) が

与えられた場合は，2つの条件法 A→B と B→A が〈∧‐除去〉によって導かれることは明らかだろう．

他方，双条件法を基本に取る場合，その推論規則は次のようになる．

¶7.8.1 〈←→‐導入〉の規則

これは，上の"A←→B の証明"図を圧縮したものである．

```
 ___(i)      ___(i)
  A           B
  .           .
  .           .
  B           A
─────────────────── (i), ←→‐導入
       A←→B
```

¶7.8.2 〈←→‐除去〉の規則

双条件記号←→は，文の間の"等しさ"を表わすものである（§3.2の【注1】を参照のこと）から，"双条件法の一方が成り立てば，他方も成り立つ"ことは明らかであろう．これを成文化したのが，〈←→‐除去〉である．なお，この除去規則は，〈∧‐除去〉と同じように，2つの形がある．

```
 A  A←→B                   B  A←→B
─────────  ←→‐除去        ─────────  ←→‐除去
    B                          A
```

【例1】 ⊢ ¬¬p ←→ p

(証明)

```
 ___(1)  ___(3)              ___(3)  ___(2)
  ¬p      ¬¬p  ¬‐除去           p      ¬p   ¬‐除去
 ──────────                  ──────────
     ⊥     (1), RAA              ⊥    (2), ¬‐導入
 ─────                       ─────
     p                          ¬¬p
 ─────────────────────────────────── (3), ←→‐導入
              ¬¬p  ←→  p
```

【練習問題 1】§4.3 の【定理 4.3.1】の"公式"1a〜6b を，自然演繹で証明しなさい．

§7.9　決定可能性

　論理学の任務は，与えられた議論が論理的に正しいか否かを体系的に判定することである，と第 1 章の冒頭で述べた．では，現代の論理学は，この課題をどこまで達成できたのであろうか．ここで，そのことを少し考えてみよう．
　まず，議論が論理的に正しいか否かの問題を，われわれは，与えられた前提から当の結論が論理的に出てくるか否か，という問題として捉えなおした．次いで，それを，"論理的妥当性"という概念で厳密に定義した（第 4 章）．その結果として問題は，有限個の前提がすべて真である真理値の付与の下で常に結論も真であるか否かを判定するという，一点に帰着した．そして，その判定のために，われわれは"真理表"を用いた（第 4 章）．そこで見た通り，真理表は機械的な手続きであり，それを有限回適用することによって，この問題に解答を与えることができた．つまり，命題論理に関する限り，この段階で，事はすべて終了したのである．
　では，さらに 5 章〜7 章へと進んだのはなぜであろうか．その理由の 1 つは，文記号の数が少し多くなると，真理表はわれわれにとっては扱いにくく，これに代わる方法が必要になったからである．そこで真理表の特色を受け継いだ"真理木"の方法を学習したのである．真理木は，"反例法"を図式化し，それを組織的に適用したもので，主眼は矛盾を導き出すことにある．しかしながら，この方法でわかることは，結論が前提から出てくるか否かであって，当の結論がどのようにして導かれたかは明らかにされない．それを明らかにするためには，前提から出発して，一歩一歩，推論を重ねて実際に結論を導き出すのが最善である．われわれが自然演繹の方法を学んだのはそのためである．
　ところで，真理木の方法は，タブローにまで抽象化されると，純粋に 1 つの"形式的"証明体系となり，論理的に正しい議論はすべてこの方法で証明できるか，という問題が生じる．同様な問題が自然演繹についても生じる．これは，

"完全性"の問題と呼ばれるもので，あらゆる演繹体系について提起されるものである．命題論理については，"完全性の定理"が成り立つ．その証明は決して難しくはないが，本書では扱わない．

真理表の方法のほかに，真理木や自然演繹を学習する理由は，実は，ほかにもある．第8章以下の"述語論理"には，真理表のような機械的な"判定手続き"が存在しないのである．だから，与えられた議論が論理的に正しいか否かを判断するためには，ひとつひとつ"証明する"以外に手がない．それゆえ，真理木や自然演繹に習熟することがどうしても必要なのである．

最後に，次のことを付け加えておこう．述語論理には，真理表のような"決定手続き"は存在しないが，"完全性の定理"は成り立つ．つまり，"(述語)論理的に正しい議論はすべて(述語論理の)演繹体系において導くことができる"ということがわかっている．けれども，与えられた議論が論理的に正しいか否かを判定するための機械的な方法はない．言い換えれば，こうである．命題論理には，完全な演繹体系と機械的な決定手続きが存在する．これに対し述語論理には，完全な演繹体系は存在するが，機械的な決定手続きは存在しない．

【参考文献】さらに詳しいことについては，巻末の参考文献の解説［II］を参照のこと．

II 述語論理学

第8章 文の内部構造

§8.1 命題論理学の限界

　第Ⅰ部で取り上げてきた論理は命題論理と呼ばれるもので，それは，この論理がもっぱら"命題間の関係"を扱うからである．復習をかねて少し詳しく言えば，これは次のようなものであった．

　まず，最も単純な文を"文記号"p, q, r, ……などの文字に置き換え，次いで，それらに"結合記号"￢，∧，∨，→及び←→を適用して"論理式"を作る．さらに，このようにして作られた論理式を用いて，議論全体を記号化する．つまり，幾つかの論理式の集合を前提，1つの論理式を結論とする"議論形式"を作り上げるのである．そして最後に，この議論形式が"論理的に妥当であるか"否かをテストする．もしその議論形式が論理的に妥当であるなら，その形式をもつ議論は論理的に正しい，と判定される．なお，このテストには，真理表によるもの，反例法によるもの，さらに真理木によるものなど，色々な方法がある．

　復習はこれぐらいにして，ここで議論

【例1】　(1.1)　すべての人間は死ぬ．
　　　　(1.2)　ソクラテスは人間である．
　　　　　　　ゆえに，
　　　　(1.3)　ソクラテスは死ぬ．

が論理的に正しいか否かを調べてみよう．

　われわれが最初に行なうべきことは，この議論を形式化すること，すなわち，3つの文 (1.1)，(1.2) および (1.3) を記号化することである．第Ⅰ部の技法を用いると，これは

　　（Ⅰ）　p, q ∴ r

と形式化される．

　次に，形式 (Ⅰ) が論理的に妥当であるか否かを調べる．容易にわかることだが，

　　（∗）　p に真，q に真，r に偽という真理値の付与は可能である

から，つまり，

　　（＋）　形式 (Ⅰ) の前提はすべて真であるが，結論は偽となる

ことがあるから，

　　（×）　形式 (Ⅰ) は論理的に妥当ではない

ということになる．記号で表わせば，

　　p, q ⊭ r

である．かくして，【例1】の議論は"論理的には正しくない"，というわけである．

　ところで，上の考察を振り返ってみると，その手順には少しの誤りもない．もう少し正確に言うと，命題論理に従う限りどこにも不具合はない．しかしながら，多くの人はその結論には納得し難いものを感じるだろう．逆に言えば，われわれは，【例1】は"論理的に正しい"と感じているのである．そしてこの"直観"は，後に示すように，実際に正しいのである．

　では，この事態はどのように理解したらよいのだろうか．実は，それほど複雑ではなく，次のように考えればよい．

　結論から先に言えば，これまでの技法では【例1】の正しさを証明できない，ということである．しかしそれは，命題論理が誤りである，ということを意味しているわけではない．そうではなく，命題論理には限界がある，ということである．だから，われわれは【例1】の正しさを証明できるように，"論理を拡張しなければならない"のである．そのことをもう少し詳しく見てみる．

　形式 (Ⅰ) には，(最も単純な) 論理式が3個並んでいるだけで，【例1】の

前提と結論の間に見られるはずの"内的関係"がまったく表現されていない．ここでいう"内的"関係とは，"文の内部"に立ち入ってみると，おのずと明らかになってくる"論理構造"のことである．

さて，【例1】に繰り返し現われる語を同じアルファベットで置き換えると，【例1】は，

（Ⅱ）　すべてのFはGである
　　　　aはFである
　　　　∴
　　　　aはGである

という形式をもっていることがわかる．そして，これと同じ形式をもつ議論は，普段の生活において最も頻繁に見られる．例を2つほど挙げておこう．

【例2】　すべてのフランス人はヨーロッパ人である．
　　　　ナポレオンはフランス人である．
　　　　ゆえに，
　　　　ナポレオンはヨーロッパ人である．

【例3】　8の倍数はすべて4の倍数である．
　　　　192は8の倍数である．
　　　　ゆえに，
　　　　192は4の倍数である．

既に気がついたことであろうが，形式（Ⅱ）中の大文字"F"と"G"は，文法でいう普通名詞や形容詞を表わし，小文字"a"は固有名詞の代理である．

このように，文の内部に立ち入って議論の正しさを研究する分野を"述語論理学"という．間もなくわかるように，述語論理学は命題論理学を前提し，その上に築かれるのである．その意味で，述語論理は命題論理の拡張である．

§8.2 文と名前と述語

　文の内部構造を取り出すには，"最も単純な文"から始めるのがよい．そのために，**単称文**という概念を導入することにする．それは，次のようなものである．

　1つの特定の対象がある性質をもっていることを述べる文，あるいは2つまたはそれ以上の幾つかの特定の対象の間にある関係が成り立っていることを述べる文を，まとめて，単称文という．

　次の文を考えてみよう．

【A】　　(2.1)　　ジョンはそそっかしい．
　　　　 (2.2)　　ジョンはメアリーを愛する．
　　　　 (2.3)　　ジョンはメアリーをビルに紹介する．

【B】　　(2.4)　　3は奇数である．
　　　　 (2.5)　　3は4より小さい．
　　　　 (2.6)　　3は2と4の間にある．

　例文 (2.1) 〜 (2.6) が，通常の"叙述文"であること，また上に述べた意味で，単称文であることは容易に肯けよう．
　また，【B】の"2"，"3"，"4"が数詞（数字），すなわち"数の名前"であることも，改めて言うまでもないだろう．では，【A】の"ジョン"や"メアリー"や"ビル"は何であろうか．"人の名前"，すなわち人名と見るのが自然だろう．つまり，ここでは人間が"話題になっている"というわけである．けれども，いったい何を根拠にしてわれわれはそう考えるのだろうか．また，【B】では"数"が話題になっているのはわかるが，話題になっているのは自然数だけなのだろうか．整数も含まれるのだろうか．このように，何が話題になっているかは，個々の文においては何も述べられていない．それらは通常，"あらかじめ了解されている"ことなのである．一般に，話題になっているモノの集まりを，"議論領域"，あるいは**話の世界**というが，今も述べたように，

◆8.2.1 話の世界は，個々の文を述べる際に，常に前提されている

のである．多くの場合，それらはいわば"暗黙の了解事項"であるが，厳密には，そのつど明示されねばならないことなのである．

【注1】細かいことを少しだけ付け加えておく．まず，"話の世界"は，純理論的に見れば，モノの"集合"であるが，通常，空集合は含まない．次に，集合である限りは，その要素が有限個であるか無限個であるかが問われるはずであるが，とくにそれが問題になる場合を除いて，ここでは明記しないことにする．本書では，それが問題になるようなトピックスは扱わない．

以上のことを考慮して，【A】と【B】の"話の世界"を，次のように記すことにする．
【A】　話の世界：　人間
【B】　話の世界：　自然数
そして今後は，すべてこの例に倣うものとする．但し，【A】と【B】については，ここで確定したので，以下では省略する．
　ところで，命題論理の2値原理は，

◆8.2.2　文は，真であるか偽であるかのいずれかである

というものであったが，これは述語論理においても変わらない．それは，【B】の (2.4)〜(2.6) からも明らかであろう．そして，そのことは【A】の (2.1)〜(2.3) についても言えるのである．（但し，これは原則論であって，(2.1)〜(2.3) のような例文の真偽は，"ジョン"や"メアリー"や"ビル"が何であるかに依存するのである．）
　文の特徴（◆8.2.2）は，文の"意味論的"特性と呼ばれるものであるが，

これに対応する**名前**の特徴としては，次の，

> ◆8.2.3　名前は1つの特定の対象を名指す

という事実を挙げることができる．

ところで，【A】の文 (2.1) ～ (2.3) および【B】の文 (2.4) ～ (2.6) から，名前を取り除いてみると，

【A】　(2.7)　——はそそっかしい
　　　(2.8)　——は……を愛する
　　　(2.9)　——は……を—・—に紹介する

【B】　(2.10)　——は奇数である
　　　(2.11)　——は……より小さい
　　　(2.12)　——は……と—・—の間にある

といった"空所をもつ表現"が得られる．このように，文から名前を除去することによって得られる表現を一般に**述語**といい，特に単称文から得られる，上の (2.7) ～ (2.12) のような述語を**原始**述語という．"原始"述語というのは，他の述語によって定義されることのない，"基本"述語という意味である．

さて，空所が1個の述語を**1項述語**（上の (2.7) と (2.10)），空所が2個の述語を**2項述語**（上の (2.8) と (2.11)）という．そして，一般に空所がn個の述語を**n項述語**というのである．なお，ここで空所の個数というのは，"相異なる"空所の個数のことである．また，この個数を述語の**項数**ということがある．

上の例 (2.7) と (2.10)，(2.8) と (2.11)，それに (2.9) と (2.12) から推察されるように，1項述語は**性質**を表わし，2項述語は"2つ"の**対象の間の関係**——2項関係という——を表わし，以下同様にして，n項述語はn個の対象の間の関係——**n項関係**という——を表わす．但し，"性質"や"関係"，また"対象"などは，ここではごく素朴に，広い意味に取っておくことにする．

§8.3 述語の特性

前節では文と名前の"意味論的"性質を見たので，この節では述語の"意味論的"性質を検討してみる．そのために，§8.2の【B】の述語（2.10）と（2.11）を取りあげることにする．

まず，述語（2.10）の表わす"奇数である"という性質は，自然数 1, 3, 5 など"に当てはまる"が，自然数 2, 4, 6 など"には当てはまらない"．

また，述語（2.11）の表わす"大小関係"は，$\langle 1,2 \rangle$, $\langle 1,3 \rangle$, $\langle 2,3 \rangle$ などの自然数の順序2組"について成り立つ"が，$\langle 1,1 \rangle$, $\langle 2,1 \rangle$, $\langle 3,1 \rangle$ など"については成り立たない"．これらを一般化して，

> ◆8.3.1 n項述語は，（話の世界内の）対象の順序n組について真 (true-of) であるか，あるいは，偽 (false-of) である

と言うことができる．述語（2.10），（2.11）について言えば，これは次のように表わされることになる．

(1) 述語 "——は奇数である" は自然数1について真であるから，この述語の空所に名前 "1" を代入した結果である文 "1は奇数である" は，真である．

(2) 述語 "——は奇数である" は自然数2について偽であるから，この述語の空所に名前 "2" を代入した結果である文 "2は奇数である" は，偽である．

(3) 述語 "——は……より小さい" は自然数の順序2組 $\langle 1,2 \rangle$ について真であるから，この述語の空所に名前の順序2組 "$\langle 1,2 \rangle$" を代入した結果である文 "1は2より小さい" は，真である．

(4) 述語 "——は……より小さい" は自然数の順序2組 $\langle 2,1 \rangle$ について偽であるから，この述語の空所に名前の順序2組 "$\langle 2,1 \rangle$" を代入し

た結果である文 "2 は 1 より小さい" は，偽である．

改めて言うまでもないように思われるかもしれないが，文の特徴（◆8.2.2）と述語の特徴（◆8.3.1）は，厳格に区別しなければならない．このことは，上の（1）〜（4）が，「述語 "……" が対象 "…" について真（あるいは偽）であるから，文 "…は……である" は真（あるいは偽）である」という仕組みになっていることからも，理解できよう．

述語の特徴（◆8.3.1）を対象の側から眺めると，第4章§4.3で述べた "充足" の概念が生きてくる．（§4.3の【定義4.3.3】，【定義4.3.5】および【注4】を参照のこと．）今では，それは次のようになる．

> ◆8.3.2 n項述語が，（話の世界内の）対象の順序n組について真（あるいは偽）であるなら，この順序n組はそのn項述語を充足する（あるいは充足しない），という．

例えば，2項述語 "——は…より小さい" は自然数の順序2組 $\langle 1, 2 \rangle$ について真であるから，このことを，

 (5) 自然数の順序2組 $\langle 1, 2 \rangle$ は2項述語 "——は…より小さい" を充足する

というのである．他方，同じ2項述語 "——は…より小さい" は自然数の順序2組 $\langle 2, 1 \rangle$ について偽であるから，

 (6) 自然数の順序2組 $\langle 2, 1 \rangle$ は2項述語 "——は…より小さい" を充足しない

というわけである．

§8.4　述語と名前の表記

¶8.4.1　述語の表記

前節までに学んだように，述語は空所をもつ表現である．そしてその空所は，

§8.2の (2.7) ～ (2.12) では，点線や棒線で表わされたが，以下では，"x"，"y"，"z" などの文字で表わすことにする．このような文字を**個体変項**，あるいは単に**変項**という．変項を用いると，§8.2の (2.7) ～ (2.12) は，

【A】　(4.1)　x はそそっかしい
　　　(4.2)　x は y を愛する
　　　(4.3)　x は y を z に紹介する

【B】　(4.4)　x は奇数である
　　　(4.5)　x は y より小さい
　　　(4.6)　x は y と z の間にある

と表わされる．念のために言えば，(4.1) と (4.4) は1項述語，(4.2) と (4.5) は2項述語，(4.3) と (4.6) は3項述語である．

【注1】これは本質的なことではないが，述語の表記をさらに簡略にすることがある．例えば，"そそっかしい"に相当する英単語の "careless" の頭文字 "C" を用いて，(4.1) を
　　　(4.7)　C(x)
と表わすことがある．同様に，"愛する"に相当する英単語の "love" の頭文字 "L" を用いて，(4.2) を，
　　　(4.8)　L(x, y)
と表わすことがある．

¶8.4.2　名前の表記

　算用数字や円周率 π など，通常，名前として通用している記号はそのまま用いる．それ以外の名前については，適宜，"省略記号" を導入する．例えば，"メアリー" には，アルファベットの小文字 "m" を当てるのである．

¶8.4.3　述語一般の記号化

上の¶8.4.1の述語(4.1)〜(4.6)は，"特定の"述語である．したがって，(4.7)や(4.8)も"特定の"述語である．少なくとも，その簡略表記である．他方，次章以下では，多くの場合，述語を特定しない．そのような場面で大事なことは，せいぜい，取り上げている述語が"何項述語か"という，"述語の項数"だけである．

そこで，¶8.4.1の【注1】の方法を一般化して，"不特定の"述語を"F"，"G"，"H"などアルファベットの大文字で表わすことにする．このような文字を**述語記号**という．述語記号は原理的には，どのような述語でも表わすことができるのだが，同じ記号が同一のコンテクストで異なる述語を表わすことは避けなければならない．そのために色々な表記が工夫されている．最も普通に用いられるのが，"$F(x)$"，"$G(y)$"，"$H(x, y)$"のように表わす方法である．念のために言えば，"$F(x)$"は1変項"x"の述語（1項述語），"$G(y)$"は1変項"y"の述語（1項述語）である．さらに，"$H(x, y)$"は2変項"x"と"y"の述語（2項述語）である．なお，次章以下でおのずと体得されることと思うが，"$F(x)$"，"$G(y)$"，"$H(x, y)$"などは，単純な述語から複雑な述語まで，あらゆる述語を表わすことができるのである．そして，それらの記号が何を表わすかは，通常，そのつど述べられる．

念のために付け加えておくと，¶8.4.1の【注1】で見た"$C(x)$"や"$L(x, y)$"は，あくまでも，具体的な原始述語であるのに対し，ここの"$F(x)$"，"$G(y)$"，および"$H(x, y)$"は不特定の，"一般の"述語である．

【注2】述語の特色は"空所を含む"ことであるが，空所のままでは取り扱いに不便なので，空所の代わりに変項を用いたのであった．一方，日常よく使われる述語は，普通名詞や形容詞のままで，それとわかることが多い．つまり，いちいち空所を含む表現に改める必要がないのである．このような習慣を論理学でも採用すると，叙述が簡潔になる．特に，一般の述語の場合がそうである．そこで，以下では状況に応じ，述語"$F(x)$"，"$G(y)$"，および"$H(x, y)$"などと書く代わりに，変項を削除して，"F(　)"，"G(　)"，および"H(　, 　)"などと表わすこともあるし，さらに誤解の生じる恐れがない場合は，カッコも削除して，"F"，"G"，および"H"などと略記することもある．

第 9 章 述語から文へ

§9.1 名前の代入

　述語から文を形成するには，2つの方法がある．その1つが本節で述べる**代入**で，もう1つは次節で述べる**限量**である．

　§8.3 で見たように，述語の空所をすべて名前で埋めると，文が得られる．(§8.3 の (1) 〜 (4) を参照のこと．) 言い換えれば，述語の中のすべての変項に名前を代入することによって，文が形成されるのである．

　代入にも2つの方法がある．1つは，

　　　変項ごとに1つずつ名前を代入していく**単純代入**

と，もう1つは

　　　すべての変項に同時に名前を代入する**同時代入**

である．

【例1】2項述語 "x は y を愛する" を "$L(x, y)$" と略記する．また，2つの名前 "ジョン" と "メアリー" を，それぞれ，"j"，"m" と略記する．次の (1) 〜 (4) を見よう．

　　(1)　$L(x, y)$
　　(2)　$L(j, y)$
　　(3)　$L(x, m)$
　　(4)　$L(j, m)$

容易に察しがつくことと思うが，2項述語 (1) からスタートして，1項述語

(2) を経て——あるいは，1項述語 (3) を経て——文 (4) に至るのが単純代入である．他方，(1) からスタートして，一挙に文 (4) に至るのが同時代入である．

　単純代入と同時代入のうち，どちらを用いるかはまったく各自の自由であるが，本書では主として同時代入を用いる．（単純代入のほうが見たところ簡単ではあるが，いつも同時代入と同じ結果を得るためには，実のところ，ちょっと工夫が必要なのである．）

【注1】上の (4) からも伺えるように，文は空所をもたない述語，すなわち，0項述語と考えることができる．

§9.2　述語量の限定

　1つの述語が，与えられた話の世界（◆8.2.1）内の対象について成り立つ量——個数ではない——を述語量といい，それがどれくらいであるか限定することを"述語量の限定"，あるいは簡単に**限量**という．限量にも2つある．普遍限量と存在限量である．

¶9.2.1　普遍限量

今，
　　(1.1)　P(x)
を，変項xを含む述語とする．このとき，
　　(1.2)　話の世界内のすべての対象について述語Pが成り立つ
という主張を，記号∀を用いて
　　(1.3)　∀xP(x)
と表わす．文 (1.3) を普遍限量文，あるいは単に**普遍文**という．また記号∀を普遍限量記号，あるいは単に**普遍記号**という．文 (1.3) の具体的な内容は，下の【A】と【B】が示すように，話の世界と実際の述語が与えられて初めて定まるのであるが，(1.3) そのものの"読み方"は，次のように，幾つもある．

すべてのものはPである
あらゆるものはPである
どれもPである
いかなるものもPである

【注1】"読み"に用いられている語，"すべて"，"あらゆる"，"どれも"，"いかなる"などを**普遍限量詞**という．普遍限量詞を記号化したものが普遍限量記号である．

【A】　話の世界：人間
　　　1項述語：xはそそっかしい
　　　普遍文：∀x(xはそそっかしい)
　　　普遍文の読み：すべての人間はそそっかしい
　　　　　　　　　　あらゆる人間はそそっかしい
　　　　　　　　　　どの人もそそっかしい

【B】　話の世界：自然数
　　　1項述語：xは奇数である
　　　普遍文：∀x(xは奇数である)
　　　普遍文の読み：すべての自然数は奇数である
　　　　　　　　　　あらゆる自然数は奇数である
　　　　　　　　　　どの自然数も奇数である

【注2】すでに気がついていることと思うが，上の【A】，【B】の普遍文の読みに，変項"x"は現われていない．これが述語と普遍文の違いである．そして，このような普遍文については，直ちにその真偽を語ることができるはずである．つまり，変項"x"の機能が述語と普遍文においては異なるのである．詳しくは，¶9.2.3 および§13.1 を参照のこと．

¶9.2.2　存在限量

今,
　　(2.1)　P(x)

を，変項 x を含む述語とする．このとき，

  (2.2) 述語 P の成り立つ対象が話の世界内に少なくも 1 つ存在する

という主張を，記号 ∃ を用いて，

  (2.3) $\exists x P(x)$

と表わす．文 (2.3) を存在限量文，あるいは単に**存在文**という．また，記号 ∃ を存在限量記号，あるいは単に**存在記号**という．文 (2.3) の具体的内容は，下の【A】と【B】が示すように，話の世界と実際の述語が与えられて初めて定まるのであるが，(2.3) そのものの"読み方"は，次のように，幾つもある．

 少なくとも 1 つ P が存在する

 P がある

 あるものは P である

【注3】"読み"に用いられている語，"少なくとも 1 つ ...... が存在する"，"...... がある"，"あるものは ...... である"などを**存在限量詞**という．存在限量詞を記号化したものが存在限量記号である．

【A】 話の世界：人間

  1 項述語：x はそそっかしい

  存在文：$\exists x (x$ はそそっかしい$)$

  存在文の読み：少なくとも 1 人そそっかしい人がいる

       そそっかしい人がいる

       ある人はそそっかしい

【B】 話の世界：自然数

  1 項述語：x は奇数である

  存在文：$\exists x (x$ は奇数である$)$

  存在文の読み：少なくとも 1 つ奇数が存在する

       奇数が存在する

       ある自然数は奇数である

【注4】すでに気がついていることと思うが，上の【A】，【B】の存在文の読みに，変項"x"は現われていない．これが述語と存在文の違いである．そして，このような存在文については，直ちにその真偽を語ることができるはずである．つまり，変項"x"の機能が述語と存在文においては異なるのである．詳しくは，¶9.2.3および§13.1を参照のこと．

¶9.2.3 用語の整理

以下の叙述のために，ここで少し用語を整理しておく．まず，普遍記号と存在記号をまとめて**限量記号**，あるいは単に**量記号**という．¶9.2.1および¶9.2.2から理解されるように，量記号は単独に用いられることはなく，常に変項と一緒に用いられるので，このような変項を"限量記号の変項"と呼ぶことがある．次に，述語に限量記号を適用する操作をまとめて**限量**ということにする．¶9.2.1および¶9.2.2から明らかなように，限量は普遍限量と存在限量の2つである．普遍限量詞と存在限量詞をまとめて**限量詞**といい，普遍限量文と存在限量文を一括して**限量文**と呼ぶ．なお，結合詞と限量詞をまとめて**論理語**といい，また結合記号と量記号はあわせて**論理記号**と呼ばれる．

上の【注2】と【注4】で少し触れたように，述語に用いられている変項と限量に用いられる変項とは機能が異なる．詳しいことは§13.1に譲るが，後の叙述の都合もあるので，ここでごく簡単に，専門用語を導入しておく．まず，述語の一部として用いられている変項を**自由変項**，また限量記号の変項とそれに照応する変項を**束縛変項**という．次に，（論理式の定義も§13.1まで待たねばならないが，）自由変項を1つも含まない論理式を，専門用語として，**文**という．上の¶9.2.1および¶9.2.2の【A】，【B】それぞれにおいて，普遍"文"および存在"文"と記されているのは，この専門用語としての"文"という意味である．

§9.3 普遍記号と存在記号の関係

¶9.3.1 普遍文と存在文

連言記号と選言記号の間に密接な関係があったように（§2.4および【定理

4.3.1】を参照のこと），普遍記号と存在記号の間にもそれと似たような関係がある．まず，具体例を見てみよう．

【例1】話の世界：人間
　　　　1項述語：x はそそっかしい
とし，次の（1）〜（8）について，下の［問1］と［問2］に答えなさい．
　　（1）　∀x(x はそそっかしい)　　　　（2）　¬∀x(x はそそっかしい)
　　（3）　∀x¬(x はそそっかしい)　　　（4）　¬∀x¬(x はそそっかしい)
　　（5）　∃x(x はそそっかしい)　　　　（6）　¬∃x(x はそそっかしい)
　　（7）　∃x¬(x はそそっかしい)　　　（8）　¬∃x¬(x はそそっかしい)
［問1］上の（1）〜（8）を，できるだけ自然な日本語で表わしなさい．但し，ここでは，あくまでも"直訳"を試みること．
［問2］上の（1）〜（8）の中で，"同じ内容"をもつものを挙げなさい．（なお，巻末の練習問題解答を参照のこと．）

¶9.3.2　∀と∃

　普遍文と存在文についてのわれわれの理解は，これまでのところ，極めて直観的なものである．それゆえ，これらの文にいくぶんか一般性を与えるため，有限個の対象から成る話の世界を1つ固定し，これらの文をそれらの対象についての言明と解釈してみる．すると普遍文と存在文は，それぞれ，単称文の連言と選言となることが明らかになる．但し，話の世界を1つ固定するといっても，特定のものであってはならないし，またその話の世界は無限の対象から成るものであってはならない．無限個の連言や選言を書くことはできないからである．

【例2】話の世界：　有限集合 $U = \{\alpha, \beta, \gamma, \delta, \varepsilon\}$
　　　　1項述語：　$P(x)$
とする．このとき，普遍文
　　　　$\forall x P(x)$
は，単称文の連言

$$P(\alpha) \wedge P(\beta) \wedge P(\gamma) \wedge P(\delta) \wedge P(\varepsilon)$$

となる．他方，存在文

$$\exists x P(x)$$

は，単称文の選言

$$P(\alpha) \vee P(\beta) \vee P(\gamma) \vee P(\delta) \vee P(\varepsilon)$$

となる．以上の準備の下で，次の (1) 〜 (8) について，下の [問1] と [問2] に答えなさい．

(1) $\forall x P(x)$ (2) $\neg \forall x P(x)$
(3) $\forall x \neg P(x)$ (4) $\neg \forall x \neg P(x)$
(5) $\exists x P(x)$ (6) $\neg \exists x P(x)$
(7) $\exists x \neg P(x)$ (8) $\neg \exists x \neg P(x)$

[問1] (1) 〜 (8) をできるだけ自然な日本語で表わしなさい．

[問2] (1) 〜 (8) のうち，"同じ内容"をもつものを挙げなさい．（ヒント：【定理4.3.1】の 4a，4b および 7 を参照のこと．）

【注1】後の参考のため，"$\forall$" や "$\exists$" を含む式の "読み方" を，次のようにまとめておこう．

"$\forall x(\cdot\cdot x \cdot\cdot)$" は，"どれも・・・・"と読む．
"$\neg\forall x(\cdot\cdot x \cdot\cdot)$" は，"どれも・・・・，というわけではない"と読む．
"$\forall x \neg(\cdot\cdot x \cdot\cdot)$" は，"どれも・・・・でない"と読む．
"$\neg\forall x \neg(\cdot\cdot x \cdot\cdot)$" は，"どれも・・・・でない，というわけではない"と読む．
"$\exists x(\cdot\cdot x \cdot\cdot)$" は，"・・・・が存在する"と読む．
"$\neg\exists x(\cdot\cdot x \cdot\cdot)$" は，"・・・・は存在しない"と読む．
"$\exists x \neg(\cdot\cdot x \cdot\cdot)$" は，"・・・・でないものが存在する"と読む．
"$\neg\exists x \neg(\cdot\cdot x \cdot\cdot)$" は，"・・・・でないものは存在しない"と読む．

第10章 さまざまな限量文

われわれはこれまで述語論理の最も基本的な考え方を学んできたが，そこで中心的な役割を演じた述語は1項述語であった．しかしながら，述語論理の特色は2項述語，3項述語など，**多項述語**と呼ばれるものの限量にあり，とりわけ2項述語の限量が最も重要である．それゆえ本章はこれから始め，次いで定言文，さらに一般の限量文の記号化に向かう．

§10.1　2項述語の限量

この節では，まず具体例に即して限量文の理解を深め，引き続き，有限個の対象から成る話の世界について，"2項述語の限量"を少しばかり一般化してみる．なお，叙述はこれまでと同じように，問題形式で進めてゆく．

¶10.1.1　日常文と数式

【例1】話の世界：人間
　　　2項述語：x は y の親である；　簡略記号：$P(x, y)$
　　　ジョン：j
　　　メアリー：m
とし，次の文 (1) 〜 (10) について，下の［問1］と［問2］に答えなさい．

(1)　$\forall x P(x, m)$　　　　(2)　$\forall y P(j, y)$
(3)　$\exists x P(x, m)$　　　　(4)　$\exists y P(j, y)$
(5)　$\forall x \exists y P(x, y)$　　　(6)　$\forall y \exists x P(x, y)$

(7)　∃x∀yP(x, y)　　　　(8)　∃y∀xP(x, y)
(9)　∀x∀yP(x, y)　　　　(10)　∃x∃yP(x, y)

［問1］(1) 〜 (10) をできるだけ自然な日本語で表わしなさい．
［問2］(1) 〜 (10) のうち，真偽の定まっているものがあれば，それを述べなさい．

(解法) まず，述語 "x は y の親である" が述語 "y は x の子供である" と同じであることを利用すると，滑らかな日本文が得られることがある．次に，(1) から (4) までは特に問題はあるまい．少し面倒なのは (5) 以下であろう．幾つかの手掛かりを記しておく．いずれも二段構えであることに注意すること．
(5) について．全体を，

　　(∗)　どのような x に対しても，次のような y が存在し，x は y の P である

と読み，その後に，これをより自然な日本語に改める．
(7) について．同じように，全体を，

　　(+)　ある x が存在し，すべての y に対して，x は y の P である

と読み，その後に，これをより自然な日本語に改める．
　最後に，(9) と (10) について．まず，全体を，それぞれ

　　(#)　すべての x とすべての y に対して，x は y の P である
　　(♭)　ある x とある y が存在し，x は y の P である

と読み，その後に，これらをより自然な日本語に改める．（なお，巻末の練習問題解答を参照のこと．）

【例2】話の世界：自然数全体
　　　2項述語：x は y より小さい；　簡略記号：x<y
　　　名前：3, 4

とし，次の (1) 〜 (10) について，下の［問1］と［問2］に答えなさい．

(1)　∀x(x<3)　　　　　(2)　∀y(4<y)
(3)　∃x(x<3)　　　　　(4)　∃y(4<y)
(5)　∀x∃y(x<y)　　　　(6)　∀y∃x(x<y)
(7)　∃x∀y(x<y)　　　　(8)　∃y∀x(x<y)

(9) $\forall x \forall y (x<y)$　　　　(10) $\exists x \exists y (x<y)$

[問1] (1)～(10) をできるだけ自然な日本語で表わしなさい．
[問2] (1)～(10) の真偽を述べなさい．
(解法) まず【例1】の（解法）を参照して，式を日本語で表わし，次いで真偽を判定しなさい．また，述語"x は y より小さい"が述語"y は x より大きい"と同じであることを利用するとわかりやすいことがある．

【例3】話の世界：人間
　　　2項述語：x は y を愛する；　簡略記号：$L(x, y)$
　　　ジョン：j
　　　メアリー：m
とし，日本文 (1)～(15) について，下の［問1］に答えなさい．

(1) ジョンはメアリーを愛する．　　(2) ジョンはメアリーに愛される．

(3) メアリーはジョンを愛する．　　(4) メアリーはジョンに愛される．

(5) ジョンに愛される人がいる．　　(6) メアリーを愛する人がいる．

(7) メアリーに愛される人がいる．　(8) ジョンを愛する人がいる．

(9) ジョンは誰をも愛する．　　　　(10) メアリーは誰からも愛される．

(11) どんな人にも愛する人がいる．　(12) どんな人にも愛してくれる人がいる．

(13) あらゆる人を愛する人がいる．　(14) あらゆる人に愛される人がいる．

(15) 愛し合う人がいる．

［問1］上の (1)～(15) を，簡略記号を用いて記号化しなさい．

【練習問題1】上の【例3】と同じ条件の下で，次の日本文を記号化しなさい．
　　（ヒント："ジョンはメアリーを愛さない"は，
　　　　$\neg L(j, m)$

と表わされる.)

(1) ジョンに愛されない人がいる.
(2) メアリーを愛さない人がいる.
(3) ジョンは誰をも愛さない.
(4) メアリーは誰にも愛されない.
(5) 誰をも愛さない人がいる.
(6) 誰にも愛されない人がいる.
(7) ジョンに愛されない人はいない.
(8) メアリーを愛さない人はいない.
(9) ジョンは誰をも愛さない,わけではない.
(10) メアリーは誰にも愛されない,わけではない.
(11) 誰をも愛さない人はいない.
(12) 誰にも愛されない人はいない.

【練習問題2】上の【例1】と同じ条件の下で,次の(1)〜(12)を日本語で表わしなさい.また,真偽の言えるものについては,その真偽を述べなさい.

(1) $\forall x \neg P(x, m)$
(2) $\forall y \neg P(j, y)$
(3) $\exists x \neg P(x, m)$
(4) $\exists y \neg P(j, y)$
(5) $\forall x \exists y \neg P(x, y)$
(6) $\forall y \exists x \neg P(x, y)$
(7) $\forall x \neg \exists y P(x, y)$
(8) $\forall y \neg \exists x P(x, y)$
(9) $\exists x \forall y \neg P(x, y)$
(10) $\exists y \forall x \neg P(x, y)$
(11) $\exists x \neg \forall y P(x, y)$
(12) $\exists y \neg \forall x P(x, y)$

¶10.1.2 2重限量文の相対化

ここでは話の世界を1つ固定して,2重限量文——2項述語に2重に限量を行なった文——をこの世界の言明として解釈してみる.いわば,この世界に相対化してみるのである.そのことによって,普遍文と存在文の意味内容がいっそう明らかになるはずである.(なお,§9.3の¶9.3.2を参照のこと.)

今,

話の世界:有限集合 $U = \{\alpha, \beta, \gamma, \delta, \varepsilon\}$

2項述語:$R(x, y)$

とする.このとき,

(＊) $\forall x \exists y R(x, y)$

は，まず，連言

(1) $\exists y R(\alpha, y) \wedge \exists y R(\beta, y) \wedge \exists y R(\gamma, y) \wedge \exists y R(\delta, y) \wedge \exists y R(\varepsilon, y)$

となる．次に，(1) 内の 5 個の連言肢

(1.1) $\exists y R(\alpha, y)$

(1.2) $\exists y R(\beta, y)$

(1.3) $\exists y R(\gamma, y)$

(1.4) $\exists y R(\delta, y)$

(1.5) $\exists y R(\varepsilon, y)$

は，それぞれ，選言

(1.6) $R(\alpha, \alpha) \vee R(\alpha, \beta) \vee R(\alpha, \gamma) \vee R(\alpha, \delta) \vee R(\alpha, \varepsilon)$

(1.7) $R(\beta, \alpha) \vee R(\beta, \beta) \vee R(\beta, \gamma) \vee R(\beta, \delta) \vee R(\beta, \varepsilon)$

(1.8) $R(\gamma, \alpha) \vee R(\gamma, \beta) \vee R(\gamma, \gamma) \vee R(\gamma, \delta) \vee R(\gamma, \varepsilon)$

(1.9) $R(\delta, \alpha) \vee R(\delta, \beta) \vee R(\delta, \gamma) \vee R(\delta, \delta) \vee R(\delta, \varepsilon)$

(1.10) $R(\varepsilon, \alpha) \vee R(\varepsilon, \beta) \vee R(\varepsilon, \gamma) \vee R(\varepsilon, \delta) \vee R(\varepsilon, \varepsilon)$

となる．かくして，普遍文（＊）は本質的には連言で，その連言肢はすべて単称文の選言であることがわかる．上の番号 (1.6) ～ (1.10) を用いると，有限集合 U に相対化された普遍文（＊）は，連言

（\$） (1.6) $\wedge$ (1.7) $\wedge$ (1.8) $\wedge$ (1.9) $\wedge$ (1.10)

となる．

他方，存在文

(＋) $\exists x \forall y R(x, y)$

は，まず，選言

(2) $\forall y R(\alpha, y) \vee \forall y R(\beta, y) \vee \forall y R(\gamma, y) \vee \forall y R(\delta, y) \vee \forall y R(\varepsilon, y)$

となる．次に，(2) 内の 5 個の選言肢

(2.1) $\forall y R(\alpha, y)$

(2.2) $\forall y R(\beta, y)$

(2.3) $\forall y R(\gamma, y)$

(2.4) $\forall y R(\delta, y)$

(2.5) $\forall y R(\varepsilon, y)$

は，それぞれ，連言

(2.6)　　$R(\alpha,\alpha) \wedge R(\alpha,\beta) \wedge R(\alpha,\gamma) \wedge R(\alpha,\delta) \wedge R(\alpha,\varepsilon)$
(2.7)　　$R(\beta,\alpha) \wedge R(\beta,\beta) \wedge R(\beta,\gamma) \wedge R(\beta,\delta) \wedge R(\beta,\varepsilon)$
(2.8)　　$R(\gamma,\alpha) \wedge R(\gamma,\beta) \wedge R(\gamma,\gamma) \wedge R(\gamma,\delta) \wedge R(\gamma,\varepsilon)$
(2.9)　　$R(\delta,\alpha) \wedge R(\delta,\beta) \wedge R(\delta,\gamma) \wedge R(\delta,\delta) \wedge R(\delta,\varepsilon)$
(2.10)　$R(\varepsilon,\alpha) \wedge R(\varepsilon,\beta) \wedge R(\varepsilon,\gamma) \wedge R(\varepsilon,\delta) \wedge R(\varepsilon,\varepsilon)$

となる．かくして，存在文（+）は本質的には選言で，その選言肢はすべて単称文の連言であることがわかる．すなわち，上の番号（2.6）～（2.10）を用いると，有限集合 U に相対化された存在文（+）は，選言

(#)　　(2.6) ∨ (2.7) ∨ (2.8) ∨ (2.9) ∨ (2.10)

となるのである．

§10.2　定言文の現代表記

われわれが学んでいる論理学は"記号"論理学と呼ばれるもので，19 世紀の後半に考案されたものである．これに対し，それ以前の論理学は"伝統的"形式論理学と呼ばれ，古代ギリシャの哲学者アリストテレスの創案になる．この論理学は，以下に述べるように，**定言文**——この論理学では，定言"判断"という——を中心に据えたもので，取り扱っている範囲もきわめて狭く，本質的には，記号論理学に吸収されていると考えてよいが，定言文に関する歴史的知識と"現代的"解釈は記号論理そのものの理解にも資するところが大きいので，1 節を当てることにする．

¶10.2.1　4 つの定言文

次の 4 つの形式の文を，まとめて定言文という．

　　（Ⅰ）　すべての F は G である．　　　（Ⅱ）　どの F も G でない．
　　　　　（All F's are G.）　　　　　　　　　　（No F's are G.）
　　（Ⅲ）　ある F は G である．　　　　　（Ⅳ）　ある F は G でない．
　　　　　（Some F's are G.）　　　　　　　　　（Some F's are not G.）

また，この 4 つの文には，古くから，特別の名称がある．すなわち，（Ⅰ）を

全称肯定，（Ⅱ）を**全称否定**，（Ⅲ）を**特称肯定**，そして（Ⅳ）を**特称否定**というのである．さらに，これらを順に，A，E，I そして O と略記することもある

【注1】"全称肯定"，"全称否定"，"特称肯定"および"特称否定"という呼称は，記号論理学のものではないが，現在でもしばしば用いられる．

¶10.2.2　全称肯定（A）：すべての F は G である

まず，
　(1)　すべての F は G である
を，
　(2)　性質 F をもつものはみな性質 G をもつ
の意味に取る．次いで，(2) を，
　(3)　それが（話の世界内の）どのような対象であれ，もしそれが性質 F をもつならばそれは性質 G をもつ
と解釈する．さらに，(3) は，
　(4)　それが（話の世界内の）どのような対象であれ
と
　(5)　もしそれが性質 F をもつならばそれは性質 G をもつ
に分解できる．(5) 内の 2 つの"単純な"述語
　(6)　それは性質 F をもつ
と
　(7)　それは性質 G をもつ
は，例えば，それぞれ，
　(8)　$F(x)$
および
　(9)　$G(x)$
と表わされる．すると，"複合的な"述語 (5) は，条件記号 → を用いて，
　(10)　$F(x) \to G(x)$
と表わされる．他方，(4) は，(10) に呼応して，普遍限量記号を用いて，

(11)　　∀x

と表わされる．かくして，(3) 全体は，

　　　(12)　　∀x(F(x)→G(x))

と表わされる．そして，この (12) を，簡単に，(1) のように読むのである．

【例1】"すべての人間は死ぬ"（§8.1【例1】）の記号化
　　　話の世界：生物
　　　記号化：∀x(x は人間である　→　x は死ぬ)

【例2】"すべてのフランス人はヨーロッパ人である"（§8.1【例2】）の記号化
　　　話の世界：人間
　　　記号化：∀x(x はフランス人である　→　x はヨーロッパ人である)

【例3】"8 の倍数はすべて 4 の倍数である"（§8.1【例3】）の記号化
　　　話の世界：自然数
　　　記号化：∀x(x は 8 の倍数である　→　x は 4 の倍数である)

【注2】"すべての人間は死ぬ"は，【例1】のように，"全称肯定"として記号化するのが普通であるが，他方，
　　　話の世界：人間
とすると，
　　　記号化：　∀x(x は死ぬ)
のように，"最も単純な"普遍限量文として表わされる．このように記号化は話の世界の選択に依存するのである．このことは常に肝に銘じておかなければならない．記号化の要領を会得するには，何よりも具体例に当たることが大事なのである．

【練習問題1】話の世界を適当に取り，次の日本文を記号化しなさい．
　　(1)　中学生はみなサッカーが好きだ．
　　(2)　7 より大きい自然数はみな 4 より大きい．
　　(3)　人間だけが酒を飲む．
　　(4)　君子豹変．

¶10.2.3　全称否定（E）：どのFもGでない

まず，
 （1）　どのFもGでない

を
 （2）　性質Fをもつものはどれも性質Gをもたない

の意味に取る．次いで，（2）を，
 （3）　それが（話の世界内の）どのような対象であれ，もしそれが性質F
   をもつならばそれは性質Gをもたない

と解釈する．さらに（3）は，
 （4）　それが（話の世界内の）どのような対象であれ

と
 （5）　もしそれが性質Fをもつならばそれは性質Gをもたない

に分解できる．（5）内の述語
 （6）　それは性質Fをもつ

は，例えば，
 （7）　$F(x)$

と表わされる．また，同じ（5）内の述語
 （8）　それは性質Gをもたない

は，まず
 （9）　￢（それは性質Gをもつ）

と表わされるし，（9）のカッコ内は
 （10）　$G(x)$

と表わされるから，（9）そのものは
 （11）　￢$G(x)$

となる．すると，述語（5）全体は条件記号→を用いて
 （12）　$F(x) \rightarrow \neg G(x)$

と表わされる．（4）は，（12）に対応して
 （13）　$\forall x$

となるから，（3）全体は，

(14)　∀x(F(x)→¬G(x))

と表わされる．そして，この (14) を，簡単に，(1) のように読むのである．

【練習問題2】話の世界を適当に取り，次の日本文を記号化しなさい．
 (1)　どの中学生もサッカーは好きでない．
 (2)　7 より小さい自然数はどれも 9 より大きくない．
 (3)　転石苔を生ぜず．
 (4)　水清ければ魚住まず．

¶10.2.4　特称肯定（I）：ある F は G である

まず，
 (1)　ある F は G である

を
 (2)　性質 F と性質 G をもつものが少なくとも 1 つ（話の世界内に）存在する

の意味に取る．ついで (2) は，
 (3)　性質 F と性質 G をもつ

と
 (4)　……であるものが少なくとも 1 つ（話の世界内に）存在する

に分解できる．(3) が，例えば，
 (5)　$F(x) \wedge G(x)$

と表わされることは，今では明らかであろう．これに対応して，(4) は，もちろん，
 (6)　$\exists x$

と表わされる．したがって，(2) 全体は
 (7)　$\exists x(F(x) \wedge G(x))$

と表わされ，これを簡単に (1) のように読むのである．

【練習問題3】話の世界を適当に取り，次の日本文を記号化しなさい．
 (1)　ある哲学者は女性である．

(2) ある素数は偶数である．
(3) ボクシングの好きな女性がいる．
(4) 化粧の好きな男性がいる．
(5) 残り物に福在り．

¶10.2.5　特称否定（O）：あるFはGでない

まず，
(1) あるFはGでない

を
(2) 性質Fをもつが性質Gをもたないものが少なくとも1つ（話の世界内に）存在する

の意味に取る．ついで，(2) は
(3) 性質Fをもつが性質Gをもたない

と
(4) ……であるものが少なくとも1つ（話の世界内に）存在する

に分解できる．(3) が
(5) $F(x) \wedge \neg G(x)$

と表わされることは，明らかであろう．すると (4) は
(6) $\exists x$

となるから，(2) 全体は
(7) $\exists x(F(x) \wedge \neg G(x))$

と表わされる．そしてこの (7) を，簡単に，(1) のように読むのである．

【練習問題4】話の世界を適当に取り，次の日本文を記号化しなさい．
(1) ある哲学者は論理的でない．
(2) 親に似ない人がいる．（ある人は親に似ていない．）
(3) 男性にも会社勤めに向かない人がいる．
(4) 女性にも家事の不得意な人がいる．

¶10.2.6　対当関係

　2つの定言文の真偽関係を**対当関係**といい，伝統的形式論理学では4つの関係を区別しているが，そのうち記号論理で認められているのは，**矛盾**対当だけである．この節の最後に，これについて少し述べる．

　さて，¶10.2.2の説明から明らかなように，全称肯定は条件法（§3.1）を一般化したものである．すると，"AならばB"の否定が"AではあるがBではない"であることから，全称肯定"すべてのFはGである"の否定が，特称否定"FではあるがGではないものが，（少なくとも1つ）存在する"であることも容易に理解できよう．また，§2.1で見たように，"一方が他方の否定なら，他方が一方の否定である"から，全称肯定と特称否定は矛盾関係にある．同様に，全称否定"どのFもGでない"の否定は，特称肯定"FであってGであるものが，（少なくとも1つ）存在する"であるから，全称否定と特称肯定が矛盾するわけである．

　この2つの矛盾関係のうち特に重要なのは，言うまでもなく，全称肯定と特称否定の関係である．記号論理では，いかなる主張も，否定されない限り正しいと考えるので，"FであってGでないものが1つも存在しない"ならば，"すべてのFはGである"は正しいのである．このことは常に肝に銘じておかねばならない．

§10.3　日常文の記号化

　この節では，さまざまな日常文の記号化を試みる．以下の例題が示すように，文の記号化は，文の"外側から内側へ"と進む．その際，参考になるのが前節の考察である．すなわち，与えられた文が，まず，全称肯定，全称否定，特称肯定，特称否定のどれにあたるか（またはそれらの否定のどれにあたるか）を見極め，次いで，内部の述語$F(x)$，$G(x)$を詳しく分析していくのである．

　復習をかねて，簡単な例から始める．

【例1】次の日本文（1）と（2）を記号化しなさい．（§10.1【例3】の（11）および（14）を参照のこと．）

(1) どんな人にも愛される人がいる．
(2) どんな人にも愛する人がいる．
話の世界：人間

（解答）まず，(1) が存在文であることに注意すると，(1) は

(3) $\exists x$(x はすべての人に愛される)

と表わされる．ついで，カッコ内は

(4) $\forall y$(x は y に愛される)

と表わされる．そこで，(4) を (3) のカッコ内に記すと，

(5) $\exists x(\forall y$(x は y に愛される))

が得られる．(5) の受動態を能動態に改めると，

(6) $\exists x(\forall y$(y は x を愛する))

となる．この (6) が (1) の記号化である．なお，カッコを省略して，

(7) $\exists x \forall y$(y は x を愛する)

とすると，ずっと見やすくなる．

他方，(2) は普遍文である．すると，(2) は，まず

(8) $\forall y$(y には愛する人がいる)

と表わされるだろう．ついで，カッコ内は，

(9) $\exists x$(y は x を愛する)

と表わされる．そこで，(9) を (8) のカッコ内に記すと，

(10) $\forall y(\exists x$(y は x を愛する))

となる．この (10) が (2) の記号化である．カッコを省略して，

(11) $\forall y \exists x$(y は x を愛する)

とすると，ずっと見やすくなる．

【注1】厳密には証明を必要とすることであるが，(2) は (1) から（広い意味で）論理的に出てくる，つまり，"どんな人にも愛される人がいる ∴ どんな人にも愛する人がいる" という議論は "（広い意味で）論理的に正しい" のである．（なお，§11.3 の【例1】および§12.3 の【例1】を参照のこと．）

【注2】上の (7) は

(12) $\exists y \forall x$(x は y を愛する)

と書いても同じことである．同様に，上の (11) は，

第10章 さまざまな限量文● 167

(13)　∀x∃y(x は y を愛する)

と書いても同じである．(詳しいことは，§13.1を参照のこと．) なお，このことは，(7) と (12), (11) と (13) を，それぞれ，自然な日本語で表わしてみるだけでも，理解できるはずである．

【注3】記号化をさらに進めて，原始述語"x は y を愛する"を，例えば，述語記号"H(x, y)"を用いて一般化すると，(1) は

　　　(∗)　∃x∀yH(x, y)

と記号化される．同様に，(2) は，

　　　(+)　∀y∃xH(x, y)

と記号化される．

【例2】次の日本文 (1) と (2) を記号化しなさい．
　　　(1)　どの少年にも好かれる少女がいる．
　　　(2)　どの少年にも好きな少女がいる．
　　　話の世界：人間

(解答) まず，(1) は存在文であり，いわゆる特称肯定と解釈できることに注意すると，(1) は，

　　　(3)　∃x(x は少女である　∧　x はどの少年にも好かれる)

となる．次に，連言記号の右側は普遍文であり，いわゆる全称肯定と解釈できる．すると，この部分は，

　　　(4)　∀y(y は少年である　→　x は y に好かれる)

と表わされる．(4) を，(3) の連言記号の右側に記すと，

　　　(5)　∃x(x は少女である　∧　∀y (y は少年である　→　x は y に好かれる))

が得られる．これが，"記号化"された (1) である．

　他方，(2) は普遍文であり，いわゆる全称肯定と解釈できる．すると，(2) は，

　　　(6)　∀y(y は少年である　→　y には好きな少女がいる)

となる．次に，条件記号の右側は存在文であり，いわゆる特称肯定と解釈できる．すると，この部分は，

　　　(7)　∃x(x は少女である　∧　x は y に好かれる)

と表わされる．(7) を (6) の条件記号の右側に記すと，
 (8) $\forall y(y$ は少年である $\rightarrow \exists x(x$ は少女である $\wedge$ x は y に好かれる$))$
が得られる．これが，"記号化" された (2) である．

【注4】厳密にはもちろん証明を必要とするのであるが，(2) は (1) から（広い意味で）論理的に出てくる，つまり，"どの少年にも好かれる少女がいる ∴ どの少年にも好きな少女がいる" という議論は，"（広い意味で）論理的に正しい" のである．
（なお，§11.3 の【例2】および §12.3 の【例2】を参照のこと．）
【注5】上の (5) と (8) の記号化をもう一段進めて，原始述語を適当な文字で置きかえると，それぞれ，
 (*) $\exists x(F(x) \wedge \forall y(G(y) \rightarrow H(x,y)))$
と
 (+) $\forall y(G(y) \rightarrow \exists x(F(x) \wedge H(x,y)))$
が得られる．

【例3】いわゆる "内的関係" が明らかになるように，下の (1) と (2) を記号化しなさい．（話の世界はあえて定めないでおく．）
 (1) 馬は動物である．
 (2) 馬の頭はすべて動物の頭である．
(解答) まず，(1) が普遍文であり，いわゆる全称肯定であることに注意すると，(1) は，
 (3) $\forall x(x$ は馬である $\rightarrow$ x は動物である$)$
となることは自明に等しい．また，(2) も普遍文であり，同様に，全称肯定と解釈できるから，(2) の全体が，
 (4) $\forall x(x$ は馬の頭である $\rightarrow$ x は動物の頭である$)$
となることも明らかであろう．問題は (4) のカッコ内をどのように表わすかである．そのためには，条件記号の左側と右側にある述語
 (5) x は馬の頭である
と
 (6) x は動物の頭である

の"意味"を明らかにすればよい.

例えば, "ある人に1人でも子供がいる"ならば, "その人には子供がいる", と言えるように, 何かが"少なくとも1頭の馬の頭である"ならば, それは"馬の頭である", と言ってよいであろう. すると (5) は,

(7)　　$\exists y(y$ は馬である　$\wedge$　x は y の頭である)

と表わされる. 同様に, (6) は,

(8)　　$\exists y(y$ は動物である　$\wedge$　x は y の頭である)

と表わされる. この (7) と (8) をそれぞれ, (4) に書き入れると, 全体は,

(9)　　$\forall x(\exists y(y$ は馬である　$\wedge$　x は y の頭である) $\rightarrow$
　　　　　　$\exists y(y$ は動物である　$\wedge$　x は y の頭である))

となる. これが, "記号化"された (2) である.

【注6】厳密にはもちろん証明を必要とするが, (2) は (1) から (広い意味で) 論理的に出てくる, つまり, "馬は動物である ∴ 馬の頭はすべて動物の頭である"という議論は"(広い意味で) 論理的に正しい"のである. (なお, §11.3の【例3】および§12.3の【例3】を参照のこと.)

【注7】さらに記号化を進めれば, (3) と (9) は, それぞれ,

(#)　　$\forall x(F(x) \rightarrow G(x))$

および

(*)　　$\forall x(\exists y(F(y) \wedge H(x, y)) \rightarrow \exists y(G(y) \wedge H(x, y)))$

と形式化できる.

【参考文献】上の【例3】は巻末の参考文献 [17] に拠っている.

【注8】一見したところ¶10.2.2の【注2】と矛盾するようだが, この例が示すように, 日常文の記号化に当たっては, もっぱら"述語の抽出"に意を用い, 話の世界についてはそれほど注意を払わなくてもすむのである. すなわち, それらの述語の当てはまる対象をすべて含む集合を, 話の世界にとればよいので, どうしても話の世界を明示する必要があれば, "話の世界:モノ"と記せばよいのである.

【練習問題1】話の世界を適当にとり, 次の日本文を記号化しなさい.

(1)　　人を愛する人はみな人に愛される.

(2) 人を愛する人だけが人に愛される．
(3) 人に愛される人はみな人を愛する．
(4) 自分自身を愛さない人は誰をも愛さない．
(5) 自分自身を愛さない人は誰にも愛されない．
(6) 誰をも愛さない人は自分自身をも愛さない．
(7) 誰にも愛されない人は誰をも愛さない．
(8) 誰をも愛さない人は誰にも愛されない．

第11章 真理木

　第5章の真理木は，命題論理が扱う議論の正しさを立証するための方法で，そこで中心的役割を演じたのは命題結合記号である．他方，われわれが命題論理から述語論理へと進んだのは，例えば，§8.1の【例1】のよう議論の正しさを立証するためであるが，ここで中心的役割を演じるのが，限量記号である．それゆえ，本章において，2つの限量文に対する真理木を工夫してみる．言うまでもないことだが，述語論理では命題論理の真理木も用いるのである．

　さて，最も普通の順序に従えば，ここでは，まず，述語論理で用いられる"論理式"と"文"をきちんと定義し，次いで，それらの真偽について説明し，その後はじめて，本章の真理木や次章の自然演繹に向かうのであるが，これでは少々まどろっこしい．前章まで学習を続けてきた読者は，それらについて既に一応の"直観的理解"が得られているはずである．(¶9.2.3および§8.3を参照のこと．) 本章ならびに次章を読むための予備知識としては，それで十分である．肝心なことは，本章や次章の"規則"で述べられている"記号の運用"を習得することである．そして，それは本文中の具体例をみることによって容易に身につくはずである．(なお，論理式および解釈に関する厳格な定義は，第13章に述べてある．)

§11.1　普遍限量の真理木

　xを自由変項として何回か(1回以上)含む表現をA(x)，また，aを話の世界内の対象の名前，さらに，このA(x)の中のxをすべて名前aで置き換

えた結果を A(a) とする．このとき，
(ⅰ) 文 ∀xA(x) が真なら，話の世界内のどのような対象に関しても，
その名前 a に対して文 A(a) は真である

ことは明らかであろう．これを次のように表わすことにする．

(T∀)

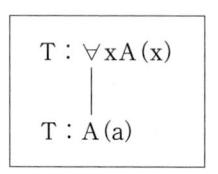

```
T：∀xA(x)
   │
T：A(a)
```

【注1】上の（ⅰ）からわかるように，ここで名前"a"は，話の世界内の対象を名指す名前である．われわれの手持ちの名前は，真偽が問われる場合には，常に話の世界に相対化されるので，その世界内の対象の名前のどれかと一致するはずである．それゆえ，以下でも，記号"a"をもって名前を代表させる．

他方，
(ⅱ) 文 ∀xA(x) が偽ならば，話の世界内の少なくとも1つの対象に関し，その名前 a に対して文 A(a) は偽である

ことも，今では自明に等しいであろう．これを次のように表わすことにする．

(F∀)

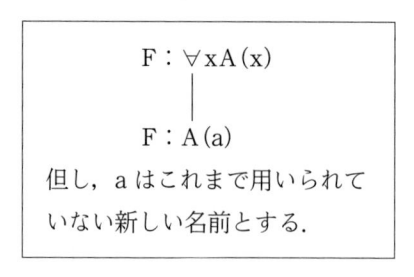

```
F：∀xA(x)
   │
F：A(a)
但し，a はこれまで用いられて
いない新しい名前とする．
```

【注2】規則（T∀）においては，名前 a は表現 A(x) に含まれていてもよい．他方，（F∀）において用いられる名前 a には，"但し書き"の"条件"が付いている．この条

件を，"変項条件"とか"パラメーター条件"ということがある．

【例1】真理木を用いて，次の議論が正しいか否か決定しなさい．
　　　　人間はすべて死ぬ．
　　　　ソクラテスは人間である．
　　　　∴　ソクラテスは死ぬ．
　　記号化：
　　　　話の世界；動物
　　　　$\forall x(F(x) \to G(x))$
　　　　$F(a)$
　　　　∴　$G(a)$
　［真理木］
　　　　(1)　T：$\forall x(F(x) \to G(x))$　　✓
　　　　(2)　T：$F(a)$
　　　　(3)　F：$G(a)$
　　　　　　　｜
　　(4)　T：$F(a) \to G(a)$　　✓　　(1) から (T∀) による
　　　　　　／　　＼
　(5)　F：$F(a)$　　(6)　T：$G(a)$　　(4) から (T→) による
　　　　(×)　　　　　　(×)

よって，
　　$\forall x(F(x) \to G(x)),\ F(a)\ \vDash\ G(a)$
したがって，上の議論は論理的に正しい．

【例2】真理木を用いて，次の議論が正しいか否か決定しなさい．
　　　　どのソフィストもアテナイ人ではない．
　　　　プロタゴラスはソフィストである．
　　　　∴　プロタゴラスはアテナイ人ではない．
　　記号化：

話の世界；古代ギリシャ人
$\forall x(F(x) \to \neg G(x))$
$F(a)$
∴ $\neg G(a)$

[真理木]

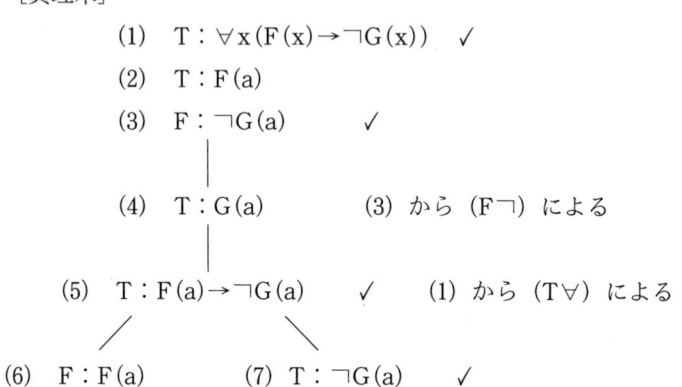

(1)　T：$\forall x(F(x) \to \neg G(x))$　✓
(2)　T：$F(a)$
(3)　F：$\neg G(a)$　✓
　　　　│
(4)　T：$G(a)$　　　(3) から (F¬) による
　　　　│
(5)　T：$F(a) \to \neg G(a)$　✓　(1) から (T∀) による
　　／　　　＼
(6) F：$F(a)$　　(7) T：$\neg G(a)$　✓
　(×)　　　　　　　│
　　　　　　(8) F：$G(a)$　(7) から (T¬) による
　　　　　　　　(×)

よって,
　$\forall x\ (F(x) \to \neg G(x)),\ F(a)\ \vDash\ \neg G(a)$
したがって，上の議論は論理的に正しい．

【例3】真理木を用いて，次の議論が正しいか否か決定しなさい．
　　　人間はすべて動物である．
　　　動物はすべて死ぬ．
　　∴ 人間はすべて死ぬ．
記号化：
　　　話の世界；生物
　　　$\forall x(F(x) \to G(x))$
　　　$\forall x(G(x) \to H(x))$

∴　∀x(F(x)→H(x))

［真理木］
- (1)　T：∀x(F(x)→G(x))　　　✓
- (2)　T：∀x(G(x)→H(x))　　　✓
- (3)　F：∀x(F(x)→H(x))　　　✓
  |
- (4)　F：F(a)→H(a)　　✓　(3) から (F∀) による
  |
- (5)　T：F(a)　　(4) から (F→) による
- (6)　F：H(a)　　(4) から (F→) による
  |
- (7)　T：F(a)→G(a)　✓　(1) から (T∀) による
  / \
- (8)　F：F(a)　　(9) T：G(a)　(7) から (T→) による
  (×)
  |
- (10)　T：G(a)→H(a)　✓　(2) から (T∀) による
  / \
- (11) F：G(a)　　(12) T：H(a)　(10) から (T→) による
  (×)　　　　　　(×)

よって，
　∀x(F(x) → G(x))，∀x(G(x) → H(x)) ⊨ ∀x(F(x) → H(x))
したがって，上の議論は論理的に正しい．

【注3】上の真理木は，3番目の式から始めなければ，所期の成果は得られない．つまり，矛盾が生じないのである．(F∀) の但し書きは，それを防ぐためのものである．

【練習問題1】F, G, H を1項述語として，次のことを示しなさい．
- (1)　∀x(F(x)→G(x))，∀x(G(x)→¬H(x)) ⊨ ∀x(F(x)→¬H(x))
- (2)　∀x(F(x)→¬G(x))，∀x(H(x)→G(x)) ⊨ ∀x(F(x)→¬H(x))

(3) $\forall x(F(x) \to G(x)), \forall x(H(x) \to \neg G(x)) \vDash \forall x(F(x) \to \neg H(x))$

【練習問題2】F, G, H を 1 項述語として，次のことを示しなさい．

(1) $\forall x(F(x) \to G(x)), \forall xF(x) \vDash \forall xG(x)$

(2) $\forall x(F(x) \to G(x)) \vDash \forall xF(x) \to \forall xG(x)$

(3) $\forall x(F(x) \to G(x)), \forall x\neg G(x) \vDash \forall x\neg F(x)$

(4) $\forall x(F(x) \to G(x)) \vDash \forall x\neg G(x) \to \forall x\neg F(x)$

(5) $\forall x(F(x) \to G(x)) \vDash \forall x(\neg G(x) \to \neg F(x))$

§11.2 存在限量の真理木

x を自由変項として何回か（1 回以上）含む表現を A(x)，また，a を話の世界内の対象の名前，さらに，この A(x) の中の x をすべて名前 a で置き換えた結果を A(a) とする．このとき，

（i） 文 $\exists xA(x)$ が真なら，話の世界内の少なくとも 1 つの対象に関し，その名前 a に対して文 A(a) は真である

ことは，今では説明を要すまい．これを次のように表わすことにする．

(T∃)

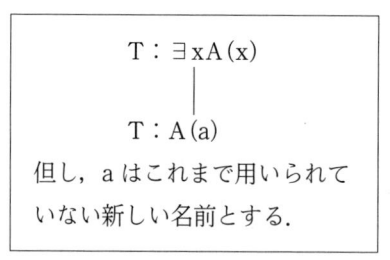

```
        T : ∃xA(x)
            |
        T : A(a)
但し，a はこれまで用いられて
いない新しい名前とする．
```

【注1】真理木（T∃）を描く際には，名前 a についての "但し書き" の "条件" を満たすように常に心がけること．なお，この但し書きを，"変項条件" とか "パラメーター条件" と呼ぶことがある．

他方，

(ii) 文∃xA(x) が偽なら，話の世界内のどのような対象に関しても，
その名前 a に対して文 A(a) は偽である

ことも，明らかであろう．これを次のように表わすことにする．

(F∃)

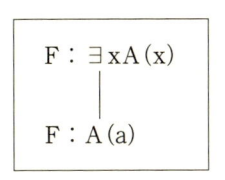

```
F：∃xA(x)
    │
F：A(a)
```

【注2】規則 (F∃) においては，名前 a は表現 A(x) に含まれていてもよい．

【例1】真理木を用いて，次の議論が正しいか否か決定しなさい．
　　　すべての素数は奇数である．
　　　ある自然数は素数である．
　　　∴　ある自然数は奇数である．
記号化：
　　　話の世界；自然数
　　　$\forall x(F(x) \to G(x))$
　　　$\exists xF(x)$
　　　∴　$\exists xG(x)$

[真理木]

(1)　　　T：$\forall x\ (F(x) \to G(x))$　✓
(2)　　　T：$\exists xF(x)$　✓
(3)　　　F：$\exists xG(x)$　✓
　　　　　│
(4)　　　T：F(a)　　　(2) から (T∃) による
　　　　　│
(5)　　　F：G(a)　　　(3) から (F∃) による
　　　　　│

第11章　真理木● *179*

(6)　　T：F(a)→G(a)　　✓　(1) から (T∀) による

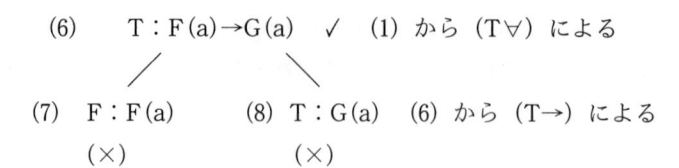

(7)　F：F(a)　　(8)　T：G(a)　　(6) から (T→) による
　　(×)　　　　　　(×)

よって，
　　∀x(F(x)→G(x)),　∃xF(x)　⊨　∃xG(x)
したがって，上の議論は論理的に正しい．

【注3】この真理木は，2番目の論理式から始めなければ，所期の成果は得られない．ここに (T∃) の但し書きが効いているのである．

【例2】真理木を用いて，次の議論が正しいか否か決定しなさい．
　　　すべての素数は奇数である．
　　　ある自然数は素数である．
　　　∴ ある自然数は奇数である．
　　記号化：
　　　　　話の世界；整数
　　　　　∀x(G(x)→H(x))
　　　　　∃x(F(x)∧G(x))
　　　　　∴ ∃x(F(x)∧H(x))

[真理木]
　　(1)　T：∀x(G(x)→H(x))　　✓
　　(2)　T：∃x(F(x)∧G(x))　　✓
　　(3)　F：∃x(F(x)∧H(x))　　✓

　　(4)　T：F(a)∧G(a)　　✓　(2) から (T∃) による

　　(5)　　T：F(a)　　(4) から (T∧) による
　　(6)　　T：G(a)　　(4) から (T∧) による

180

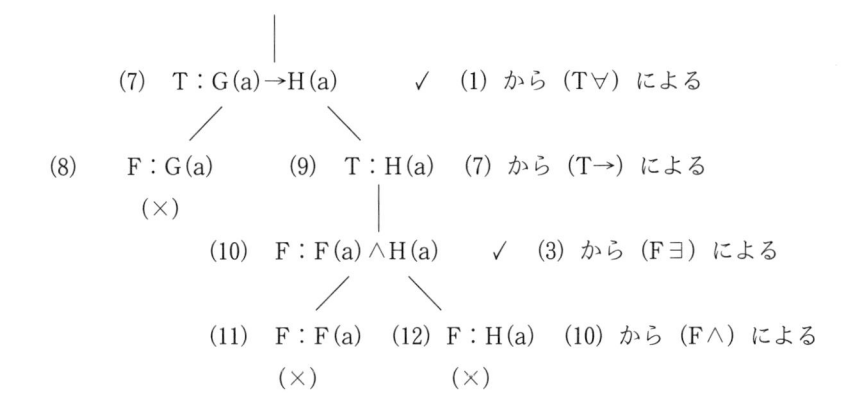

```
                    │
        (7)  T : G(a)→H(a)        ✓   (1) から (T∀) による
             ╱        ╲
(8)   F : G(a)     (9)  T : H(a)       (7) から (T→) による
     (×)                │
              (10)  F : F(a)∧H(a)   ✓   (3) から (F∃) による
                    ╱        ╲
            (11) F : F(a)   (12) F : H(a)    (10) から (F∧) による
                 (×)             (×)
```

よって，
$$\forall x(G(x) \to H(x)), \exists x(F(x) \land G(x)) \vDash \exists x(F(x) \land H(x))$$
したがって，上の議論は論理的に正しい．

【注3】上の【例2】の議論は【例1】と同じ議論であるが，"話の世界" が異なるので，それに応じて，【例2】の形式も【例1】の形式とは異なる．但し，両者とも前提に存在文があるので，(T∃) の条件を満たすために，2番目の式から始めなければならない．

【練習問題1】F，G，H を1項述語として，次のことを示しなさい．
(1)　$\forall x(F(x) \to G(x)), \exists x \neg G(x) \vDash \exists x \neg F(x)$
(2)　$\forall x(F(x) \to (G(x) \land H(x))), \exists x F(x) \vDash \exists x H(x)$
(3)　$\forall x((F(x) \lor G(x)) \to H(x)), \exists x \neg H(x) \vDash \exists x \neg F(x)$

【練習問題2】F，G，H を1項述語として，次のことを示しなさい．
(1)　$\forall x(G(x) \to \neg H(x)), \exists x(F(x) \land G(x)) \vDash \exists x(F(x) \land \neg H(x))$
(2)　$\forall x(H(x) \to G(x)), \exists x(F(x) \land \neg G(x)) \vDash \exists x(F(x) \land \neg H(x))$
(3)　$\forall x(H(x) \to \neg G(x)), \exists x(F(x) \land G(x)) \vDash \exists x(F(x) \land \neg H(x))$

§11.3　2項述語を含む限量文の真理木

　これまで普遍限量と存在限量に対する真理木の規則を述べ，その適用例も幾つか見てきた．読者は今では規則の意味と適用の仕方について，十分に親しんでいることと思われる．但し，そこで用いられていた述語は1項述語に限られていた．他方，第10章では，2項述語の重要性を示すために，1節を充てた（§10.1を参照のこと）．そこで，本節では，2項述語を含む限量文に対して，真理木を適用してみる．言うまでもないことだが，2項述語を含むからといって，真理木の規則が変わるわけではない．原理的には，これまでと同じである．けれども，実際に規則を適用する場面では，案外とまどうものである．それゆえ，§10.3の【例1】～【例3】について，具体的に見てみることにしよう．

【例1】　$\exists x \forall y H(x, y) \vDash \forall y \exists x H(x, y)$
　　　　（§10.3の【例1】および【注3】を参照のこと．）
　［真理木］

　　(1)　$T : \exists x \forall y H(x, y)$　✓
　　(2)　$F : \forall y \exists x H(x, y)$　✓
　　(3)　$T : \forall y H(a, y)$　✓　　(1) から (T∃) による
　　(4)　$F : \exists x H(x, b)$　✓　　(2) から (F∀) による
　　(5)　$T : H(a, b)$　　　　　　　(3) から (T∀) による
　　(6)　$F : H(a, b)$　　　　　　　(4) から (F∃) による
　　　　（×）

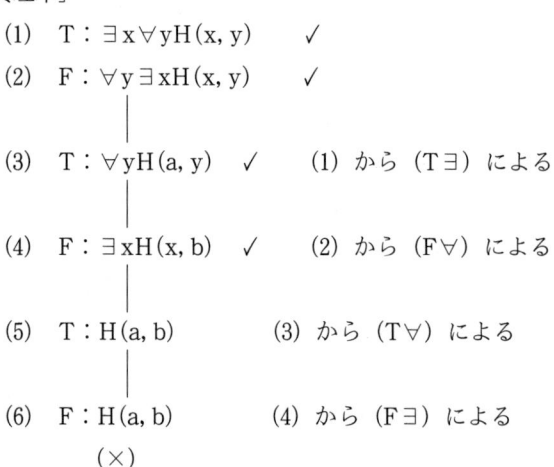

（説明）この真理木で重要なのは，(T∃) と (F∀) を適用する際に，その但し書きの条件に注意することである．すなわち，名前 a は (3) で用いられているので，(4) では新しい名前 b を用いなければならない．他方，(T∀) と

(F∃) は無条件で適用できるので，矛盾が導けるよう，適当な名前を用いてよいのである．

【例2】 $\exists x(F(x) \wedge \forall y(G(y) \to H(x, y)))$
$\vDash \forall y(G(y) \to \exists x(F(x) \wedge H(x, y)))$
(§10.3 の【例2】の【注4】および【注5】を参照のこと．)

[真理木]
(1)　T：$\exists x(F(x) \wedge \forall y(G(y) \to H(x, y)))$　✓
(2)　F：$\forall y(G(y) \to \exists x(F(x) \wedge H(x, y)))$　✓
(3)　T：$F(a) \wedge \forall y(G(y) \to H(a, y))$　✓　(1) から (T∃) による
(4)　T：$F(a)$　　　　　　　　　　　　(3) から (T∧) による
(5)　T：$\forall y(G(y) \to H(a, y))$　✓　(3) から (T∧) による
(6)　F：$G(b) \to \exists x(F(x) \wedge H(x, b))$　✓　(2) から (F∀) による
(7)　T：$G(b)$　　　　　　　　　　　(6) から (F→) による
(8)　F：$\exists x(F(x) \wedge H(x, b))$　✓　(6) から (F→) による
(9)　F：$F(a) \wedge H(a, b)$　✓　(8) から (F∃) による
(10)　T：$G(b) \to H(a, b)$　✓　(5) から (T∀) による
(11)　F：$G(b)$　　(12)　T：$H(a, b)$　(10) から (T→) による
　(×)
(13)　F：$F(a)$　　(14)　F：$H(a, b)$　(9) から (F∧) による
　(×)　　　　　　　(×)

(説明) 規則 (T∃) と (F∀) の但し書きの条件によれば，(6) では新しい名

前 b を用いなければならない．

【例3】 $\forall x(F(x) \to G(x))$ ⊨
　　　　$\forall x(\exists y(F(y) \land H(x, y)) \to \exists y(G(y) \land H(x, y)))$
　　　　　（§10.3 の【例3】の【注6】および【注7】を参照のこと．）

［真理木］
(1)　　T : $\forall x(F(x) \to G(x))$　　✓
(2)　　F : $\forall x(\exists y(F(y) \land H(x, y)) \to \exists y(G(y) \land H(x, y)))$　✓
　　　　　｜
(3)　　F : $\exists y(F(y) \land H(a, y)) \to \exists y(G(y) \land H(a, y))$　✓　(2) から
　　　　　　　　　　　　　　　　　　　　　　　　　　　　　　　(F∀) による
　　　　　｜
(4)　　T : $\exists y(F(y) \land H(a, y))$　✓　(3) から (F→) による
(5)　　F : $\exists y(G(y) \land H(a, y))$　✓　(3) から (F→) による
　　　　　｜
(6)　　T : $F(b) \land H(a, b)$　✓　(4) から (T∃) による
　　　　　｜
(7)　　T : $F(b)$　　　　　(6) から (T∧) による
(8)　　T : $H(a, b)$　　　　(6) から (T∧) による
　　　　　｜
(9)　　T : $F(b) \to G(b)$　✓　(1) から (T∀) による
　　　　／　　　＼
(10) F : $F(b)$　　(11) T : $G(b)$　　(9) から (F→) による
　　(×)　　　　　　｜
　　　　　　　(12) F : $G(b) \land H(a, b)$　(5) から (F∃) による
　　　　　　　／　　　＼
　　　　(13) F : $G(b)$　(14) F : $H(a, b)$　(12) から (F∧) による
　　　　　(×)　　　　　　(×)

（説明）(6) では，(T∃) の但し書きにより，新しい名前 b を用いなければな

らない．

§11.4 真理木からタブローへ

第Ⅰ部第6章において，真理木を簡略化し，ついには"符号をもたない"，通常の論理式から成る真理木，すなわち，タブローに到達した．§11.1および§11.2で導入した真理木についても，同様の簡略化が可能であり，それを通じてタブローを導くことができる．手続きは同様なので，ここではずっと簡単に述べることにする．

¶11.4.1　∀のタブロー
まず，(T∀)が，
　　(P∀)

$$\begin{array}{c} \forall xA(x) \\ | \\ A(a) \end{array}$$

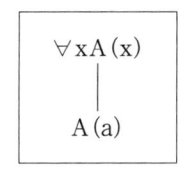

となることは，直ちに理解できよう．左上の(P∀)がこの規則の名前であることも，これまでと同様である．

次に，(F∀)は，まず，

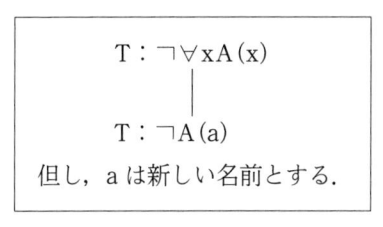

$$\begin{array}{c} T：\neg\forall xA(x) \\ | \\ T：\neg A(a) \end{array}$$
但し，aは新しい名前とする．

となり，次いで，

(N∀)

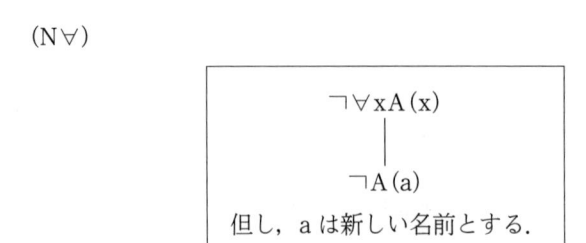

$$\neg \forall x A(x)$$
$$|$$
$$\neg A(a)$$
但し，a は新しい名前とする．

となる．

ここで，§11.1 の【例3】のタブローを描いてみよう．

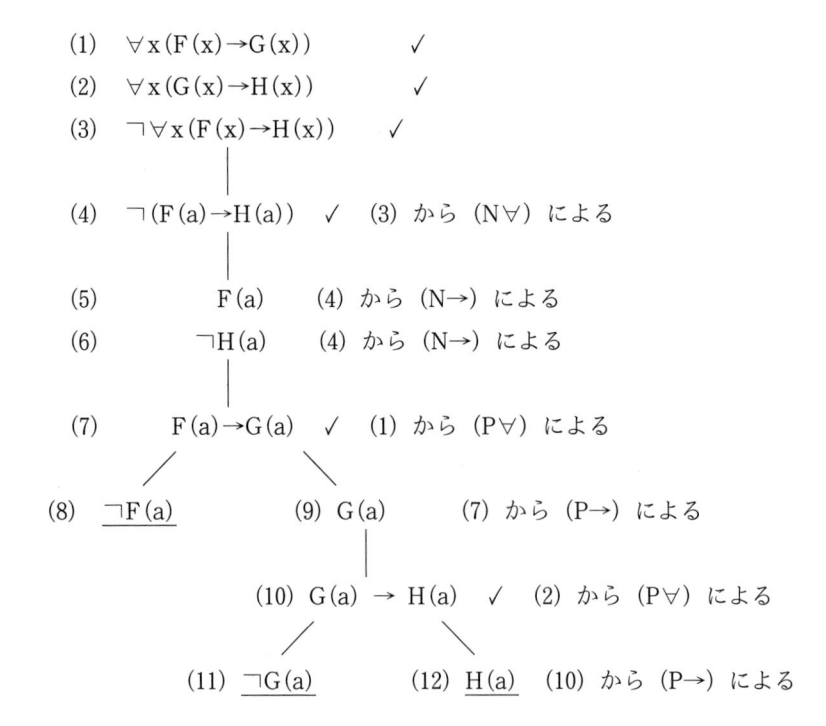

【例1】 $\forall x(F(x) \to G(x))$, $\forall x(G(x) \to H(x)) \models \forall x(F(x) \to H(x))$

(1)　$\forall x(F(x) \to G(x))$　　　✓
(2)　$\forall x(G(x) \to H(x))$　　　✓
(3)　$\neg \forall x(F(x) \to H(x))$　　✓

(4)　$\neg(F(a) \to H(a))$　✓　(3) から (N∀) による

(5)　　　　$F(a)$　　　(4) から (N→) による
(6)　　　$\neg H(a)$　　(4) から (N→) による

(7)　　$F(a) \to G(a)$　✓　(1) から (P∀) による

(8)　$\neg F(a)$　　　　(9) $G(a)$　　　(7) から (P→) による

(10) $G(a) \to H(a)$　✓　(2) から (P∀) による

(11) $\neg G(a)$　　　(12) $H(a)$　(10) から (P→) による

¶11.4.2　∃のタブロー

まず，(T∃) が，

　(P∃)

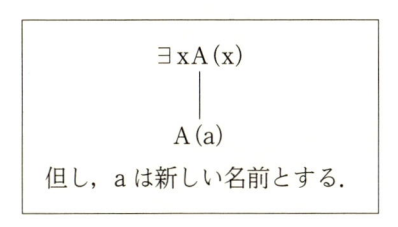

$$
\begin{array}{c}
\exists x A(x) \\
| \\
A(a)
\end{array}
$$
但し，a は新しい名前とする．

となることは容易に理解できよう．他方，(F∃) は，まず

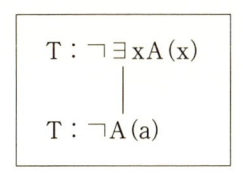

$$
\begin{array}{c}
T : \neg \exists x A(x) \\
| \\
T : \neg A(a)
\end{array}
$$

となり，次いで

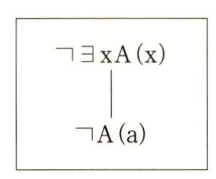

　(N∃)

$$
\begin{array}{c}
\neg \exists x A(x) \\
| \\
\neg A(a)
\end{array}
$$

となる．

ここで，§11.2 の【例2】のタブローを描いてみる．

【例2】 $\forall x(G(x) \to H(x))$, $\exists x(F(x) \land G(x))$ $\vDash$ $\exists x(F(x) \land H(x))$

(1) $\forall x(G(x)\rightarrow H(x))$ ✓
(2) $\exists x(F(x)\wedge G(x))$ ✓
(3) $\neg\exists x(F(x)\wedge H(x))$ ✓

(4) $F(a)\wedge G(a)$ ✓ (2) から (P∃) による

(5) $F(a)$ (4) から (P∧) による
(6) $G(a)$ (4) から (P∧) による

(7) $G(a)\rightarrow H(a)$ ✓ (1) から (P∀) による

(8) $\neg G(a)$ (9) $H(a)$ (7) から (P→) による

(10) $\neg(F(a)\wedge H(a))$ ✓ (3) から (N∃) による

(11) $\neg F(a)$ (12) $\neg H(a)$ (10) から (N∧) による

第12章 自然演繹

真理木やタブローは極めて便利な方法であるが，命題論理学の場合と同じような欠陥をもつ．つまり，前提から結論が導かれるプロセスが明らかでないのである．そこで，第7章に続いて，演繹体系を構築してみよう．但し，規則の叙述は"導入・除去"の順序にこだわらず，わかりやすいものから始める．

§12.1 ∀についての推論規則

¶12.1.1 ∀-除去の規則

普遍文 $\forall x A(x)$ は，"述語" $A(\ )$ が（話の世界内の）すべての対象について成り立つという主張である．それゆえ，この主張が真であるなら，述語 $A(\ )$ はどんな対象についても成り立つはずである．つまり，特定の対象の名前 a に対して，文 $A(a)$ は真であろう．普遍文 $\forall x A(x)$ から文 $A(a)$ を引き出す推論を普遍例化といい，これを推論規則にしたものを簡単に〈∀-除去〉と呼ぶ．これは，次のように定式化される．

まず，変項 x を自由変項として何回か（1回以上）含む表現を $A(x)$，その x をすべて名前 a で置き換えた結果を $A(a)$ とする．規則は，通常，下のように図式化される．

〈∀-除去〉

$$\frac{\forall x A(x)}{A(a)} \quad \forall\text{-除去}$$

なお，結論 A(a) は，前提 $\forall x A(x)$ が
依存する仮定と同じ仮定に依存する．

【注1】名前 a は表現 A(x) に含まれていてもよい．このことは，この規則については特に注意することでもないが，後に述べる諸規則を理解する際のカギになる．

【例1】 $\forall x(F(x) \to G(x))$, $F(a)$ $\vdash$ $G(a)$
(証明)

$$\cfrac{F(a) \qquad \cfrac{\forall x(F(x) \to G(x))}{F(a) \to G(a)} \;\forall\text{-除去}}{G(a)} \;\to\text{-除去}$$

【練習問題1】F, G を1項述語として，次のことを示しなさい．
  (1) $\forall x(F(x) \to G(x))$, $\neg G(a)$ $\vdash$ $\neg F(a)$
  (2) $\forall x(F(x) \lor G(x))$, $\neg F(a)$ $\vdash$ $G(a)$

¶12.1.2 $\forall$-導入の規則

　文 A(a) から普遍文 $\forall x A(x)$ を引き出す推論を普遍汎化という．但し，この推論はこのままの形で成り立つわけではない．なぜなら，名前 a が指す"特定の対象"について成り立つことが，すべての対象についても成り立つとは限らないからである．この普遍汎化が成立するためには，文 A(a) を導くための仮定のなかに名前 a が含まれていてはいけないのである．例えば，仮定が1個あり，その中で名前 a が用いられている——それを，例えば，B(a) とする——なら，そこから引き出せる結論は，$\forall x(B(x) \to A(x))$ という"条件つき"であって，"無条件"の $\forall x A(x)$ ではないからである．文 A(a) から文 $\forall x A(x)$ を導くためには，"述語" A( ) が"任意の対象"について成り立っていなければならないのである．

　以上のことを考慮すると，次のような推論規則が得られる．名前 a を何回か（1回以上）含む文を A(a)，その a をすべて新しい変項 x で置き換えた結果を A(x) とする．このとき，A(a) が与えられたら，文 $\forall x A(x)$ を結論と

して導いてよい．但し，名前 a は，A(a) が依存するどの仮定にも含まれていないものとする．この推論規則を＜∀－導入＞という．

〈∀－導入〉

$$\frac{A(a)}{\forall x\, A(x)} \quad \forall\text{－導入}$$

但し，名前 a は A(a) が依存するどの仮定にも含まれていないものとする．

なお，結論 $\forall x\, A(x)$ は，前提 A(a) が依存する仮定と同じ仮定に依存する．

【注2】この規則を適用する際には，表現 A(x) に名前 a が含まれていないことを常に確認しておかなければならない．なお，名前 a に関する但し書きを，"変項条件" とか "パラメーター条件" ということがある．

【例2】 $\forall x(F(x) \to G(x))$, $\forall x(G(x) \to H(x)) \vdash \forall x(F(x) \to H(x))$
（証明）

$$\cfrac{\cfrac{\cfrac{\cfrac{\cfrac{F(a) \quad \cfrac{\forall x(F(x) \to G(x))}{F(a) \to G(a)} \forall\text{－除去}}{G(a)} \to\text{－除去} \quad \cfrac{\forall x(G(x) \to H(x))}{G(a) \to H(a)} \forall\text{－除去}}{H(a)} \to\text{－除去}}{F(a) \to H(a)} (1),\ \to\text{－導入}}{\forall x(F(x) \to H(x))} \forall\text{－導入}$$

(1) は F(a) の仮定に対応．

【注3】上の証明で〈∀－導入〉が適用できるのは，前提 F(a) → H(a) が依存する2つの仮定，$\forall x(F(x) \to G(x))$ と $\forall x(G(x) \to H(x))$ には，名前 a は含まれていないからである．

【練習問題2】F, G, H を1項述語として，次のことを示しなさい．

(1) $\forall x(F(x) \to G(x))$, $\forall x(G(x) \to \neg H(x)) \vdash \forall x(F(x) \to \neg H(x))$

(2) $\forall x(F(x)\to\neg G(x))$, $\forall x(H(x)\to G(x))$ $\vdash$ $\forall x(F(x)\to\neg H(x))$

(3) $\forall x(F(x)\to G(x))$, $\forall x(H(x)\to\neg G(x))$ $\vdash$ $\forall x(F(x)\to\neg H(x))$

【練習問題3】F, G, Hを1項述語として，次のことを示しなさい．

(1) $\forall x(F(x)\to G(x))$, $\forall xF(x)$ $\vdash$ $\forall xG(x)$

(2) $\forall x(F(x)\to G(x))$ $\vdash$ $\forall xF(x)\to\forall xG(x)$

(3) $\forall x(F(x)\to G(x))$, $\forall x\neg G(x)$ $\vdash$ $\forall x\neg F(x)$

(4) $\forall x(F(x)\to G(x))$ $\vdash$ $\forall x\neg G(x)\to\forall x\neg F(x)$

(5) $\forall x(F(x)\to\neg G(x))$ $\vdash$ $\forall x(G(x)\to\neg F(x))$

§12.2 ∃についての推論規則

¶12.2.1 ∃-導入の規則

名前aの表わす特定の対象について，A(a)が成り立っているとする．すると，"述語" A( )の成り立つ対象が少なくとも1つ存在することになろう．このように，文A(a)から存在文∃xA(x)を引き出す推論を存在汎化という．これを規則として明文化したものが，〈∃-導入〉である．

いま，変項xを自由変項として何回か（1回以上）含む表現をA(x)，そのxをすべて名前aで置き換えた結果をA(a)とする．

〈∃-導入〉

$$\frac{A(a)}{\exists xA(x)}\quad \exists\text{-導入}$$

なお，結論∃xA(x)は，前提A(a)が
依存する仮定と同じ仮定に依存する．

【注4】名前aは，表現A(x)に含まれていてよい．なお，規則〈∃-導入〉におけるA(x)とA(a)の関係は，規則〈∀-除去〉におけるA(x)とA(a)の関係と同じである．

【例3】 $\forall xF(x)$ $\vdash$ $\exists xF(x)$

(証明)

$$\frac{\forall xF(x)}{\frac{F(a)}{\exists xF(x)}} \begin{array}{l} \forall -除去 \\ \exists -導入 \end{array}$$

¶12.2.2 ∃ - 除去の規則

存在文∃xA(x)が真であるとしよう．すると，"述語"A( )の成り立つ対象が少なくとも1つ存在するはずである．それを仮にaとする．言い換えると，A(a)と仮定する．このとき，1つの文Bが導かれたなら，その文を結論として引き出す推論を存在例化という．

この推論ももちろん無条件には成立しない．結論Bが正しく導かれるためには，名前aはBにも∃xA(x)にも，またBを導くために用いられるA(a)以外の仮定にも含まれていてはならない．この推論を規則としたものを〈∃-除去〉という．

正確に言い直せば，こうなる．まず，名前aを何回か（1回以上）含む文をA(a)，また，このaをすべて新しい変項xで置き換えた結果をA(x)とする．次に，(1)∃xA(x)が与えられており，また，(2)A(a)を仮定し（必要なら他の仮定を用いて）Bが導かれたものとする．このとき，∃xA(x)を前提とし，文Bを結論として導いてよい．なお，この規則を適用するとき，仮定A(a)を"消去（discharge）する"ことができる．図示すると，次のようになる．

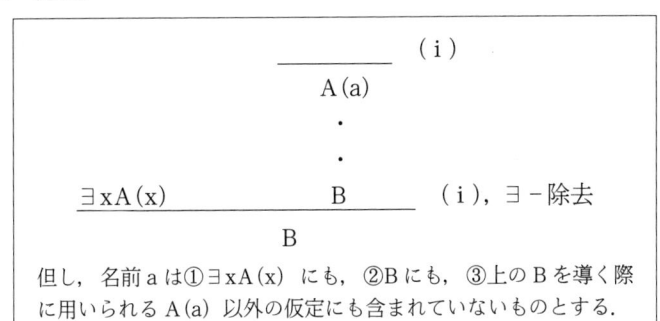

〈∃ - 除去〉

```
                    ──── (i)
                    A(a)
                     ·
                     ·
  ∃xA(x)           B          (i), ∃ - 除去
  ─────────────────────
                 B
```
但し，名前aは①∃xA(x)にも，②Bにも，③上のBを導く際に用いられるA(a)以外の仮定にも含まれていないものとする．

【注5】この規則を適用するためには，名前 a が表現 A(x) に含まれていないことを前もって確認しておかなければならない．なお，この但し書きを，"変項条件"とか"パラメーター条件"ということがある．

【例4】 $\forall x(F(x) \rightarrow G(x)), \exists xF(x) \vdash \exists xG(x)$

(証明)

$$
\cfrac{\exists xF(x) \quad \cfrac{\cfrac{\cfrac{F(a) \quad \cfrac{\forall x(F(x) \rightarrow G(x))}{F(a) \rightarrow G(a)} \forall\text{-除去}}{G(a)} \rightarrow\text{-除去}}{\exists xG(x)} \exists\text{-導入}}{\exists xG(x)} (1), \exists\text{-除去}
$$

(仮定 F(a) には (1))

【注6】上の証明において，規則〈∃-除去〉を適用できるのは，名前 a が仮定 F(a) 以外に含まれていないからである．

【練習問題1】F, G, H を1項述語として，次のことを示しなさい．
 (1) $\forall x(F(x) \rightarrow G(x)), \exists x\neg G(x) \vdash \exists x\neg F(x)$
 (2) $\forall x(F(x) \rightarrow (G(x) \land H(x))), \exists xF(x) \vdash \exists xH(x)$
 (3) $\forall x((F(x) \lor G(x)) \rightarrow H(x)), \exists x\neg H(x) \vdash \exists x\neg F(x)$

【練習問題2】F, G, H を1項述語として，次のことを示しなさい．
 (1) $\forall x(G(x) \rightarrow \neg H(x)), \exists x(F(x) \land G(x)) \vdash \exists x(F(x) \land \neg H(x))$
 (2) $\forall x(H(x) \rightarrow G(x)), \exists x(F(x) \land \neg G(x)) \vdash \exists x(F(x) \land \neg H(x))$
 (3) $\forall x(H(x) \rightarrow \neg G(x)), \exists x(F(x) \land G(x)) \vdash \exists x(F(x) \land \neg H(x))$

§12.3　2項述語を含む限量文の演繹

これまで普遍限量と存在限量に対する推論規則を述べ，その適用例も幾つか

見てきた．読者は今では規則の意味と適用の仕方については，十分習熟したことと思うが，そこで用いられている述語は1項述語に限られていた．他方，第10章では，2項述語の重要性を示すために，1節を充てた（§10.1を参照のこと）．そこで，本節では，2項述語を含む限量文に対して，推論規則を適用してみる．言うまでもないことだが，2項述語を含むからといって，推論規則が変わるわけではない．原理的には，これまでと同じである．けれども，実際に規則を適用する場面では，案外とまどうものである．§11.3で，"2項述語を含む限量文の真理木"を描いたように，この節では"2項述語を含む限量文の演繹"を，§10.3の【例1】～【例3】について，具体的に見てみることにしよう．

【例1】 $\exists x \forall y H(x, y) \vdash \forall y \exists x H(x, y)$

(§10.3の【例1】および【注3】を参照のこと．)

(証明)

$$
\cfrac{\exists x \forall y H(x,y) \quad \cfrac{\cfrac{\cfrac{\cfrac{\quad\quad}{\forall y H(a,y)}^{(1)}}{H(a,b)}\forall\text{-除去}}{\exists x H(x,b)}\exists\text{-導入}}{\forall y \exists x H(x,y)}\forall\text{-導入}}{\forall y \exists x H(x,y)} (1),\exists\text{-除去}
$$

(説明) 名前bを含む仮定は存在しないから，〈∀-導入〉が許される．また，名前aを含む仮定は∀yH(a, y)のみなので，〈∃-除去〉が適用できる．

(別証)

$$
\cfrac{\exists x \forall y H(x,y) \quad \cfrac{\cfrac{\cfrac{\quad\quad}{\forall y H(a,y)}^{(1)}}{H(a,b)}\forall\text{-除去}}{\exists x H(x,b)}\exists\text{-導入}}{\cfrac{\exists x H(x,b)}{\forall y \exists x H(x,y)}\forall\text{-導入}} (1),\exists\text{-除去}
$$

(説明) 名前 a を含む仮定は $\forall y H(a, y)$ のみであるから, 〈∃-除去〉が適用できる. また, 名前 b を含む仮定は存在しないので, 〈∀-導入〉が許される.

【例2】 $\exists x (F(x) \land \forall y (G(y) \to H(x, y))) \vdash \forall y (G(y) \to \exists x (F(x) \land H(x, y)))$

($\S 10.3$ の【例2】の【注4】および【注5】を参照のこと.)

(証明)

$$
\cfrac{\cfrac{\overline{F(a) \land \forall y(G(y) \to H(a,y))}^{(1)}}{\cfrac{\overline{F(a) \land \forall y(G(y) \to H(a,y))}^{(1)} \quad \cfrac{\overline{G(b)}^{(2)} \quad \cfrac{\forall y(G(y) \to H(a,y))}{G(b) \to H(a,b)} \, \forall\text{-除去}}{H(a,b)} \, \to\text{-除去}}{\cfrac{F(a)}{} \, \land\text{-除去} \qquad \qquad \qquad}}{\cfrac{\exists x(F(x) \land \forall y(G(y) \to H(x,y))) \quad \cfrac{F(a) \land H(a,b)}{\exists x(F(x) \land H(x,b))} \, \exists\text{-導入}}{\cfrac{\exists x(F(x) \land H(x,b))}{\cfrac{G(b) \to \exists x(F(x) \land H(x,b))}{\forall y(G(y) \to \exists x(F(x) \land H(x,y)))} \, \forall\text{-導入}} \, (2), \to\text{-導入}} \, (1), \exists\text{-除去}}
$$

(説明) 名前 a を含む仮定は $F(a) \land \forall y(G(y) \to H(a,y))$ のみであるから, 〈∃-除去〉が許される. また, 名前 b を含む仮定 $G(b)$ は, 〈→-導入〉によって仮定の身分から解き放たれて, $G(b) \to \exists x(F(x) \land H(x,b))$ の1部になっているので, つまり, 名前 b を含む仮定はもはや存在しないので, 〈∀-導入〉が適用できるのである.

(別証)

$$
\cfrac{\overline{F(a) \land \forall y(G(y) \to H(a,y))}^{(2)}}{\cfrac{\overline{F(a) \land \forall y(G(y) \to H(a,y))}^{(2)} \quad \cfrac{\overline{G(b)}^{(1)} \quad \cfrac{\forall y(G(y) \to H(a,y))}{G(b) \to H(a,b)} \, \forall\text{-除去}}{H(a,b)} \, \to\text{-除去}}{\cfrac{F(a)}{} \, \land\text{-除去} \qquad \cfrac{F(a) \land H(a,b)}{} \, \exists\text{-導入}}}
$$

$$\cfrac{\exists x(F(x) \wedge \forall y(G(y) \to H(x,y))) \quad \cfrac{\cfrac{\cfrac{\exists x(F(x) \wedge H(x,b))}{G(b) \to \exists x(F(x) \wedge H(x,b))} (1), \to\text{-導入}}{\forall y(G(y) \to \exists x(F(x) \wedge H(x,y)))} \forall\text{-導入}}{\forall y(G(y) \to \exists x(F(x) \wedge H(x,y)))} (2), \exists\text{-除去}$$

(説明) 名前 b を含む仮定 G(b) は，⟨→-導入⟩ によって仮定の身分から解き放たれて，G(b) → ∃x(F(x)∧H(x,b)) の1部になっているので，つまり，名前 b を含む仮定は存在しないので，⟨∀-導入⟩ が適用できる．すると，名前 a を含む仮定は F(a) ∧∀y(G(y)→H(a,y)) のみであるから，⟨∃-除去⟩ が許されるわけである．

【例3】 $\forall x(F(x) \to G(x)) \vdash \forall x(\exists y(F(y) \wedge H(x,y)) \to \exists y(G(y) \wedge H(x,y)))$

(§10.3 の【注6】および【注7】を参照のこと．)

(証明)

$$\cfrac{\cfrac{\cfrac{\cfrac{\overline{F(b) \wedge H(a,b)}}{F(b)} \wedge\text{-除去} \quad \cfrac{\forall x(F(x) \to G(x))}{F(b) \to G(b)} \forall\text{-除去}}{G(b)} \to\text{-除去} \quad \cfrac{\overline{F(b) \wedge H(a,b)}}{H(a,b)} \wedge\text{-除去}}{G(b) \wedge H(a,b)} \wedge\text{-導入}}{\cfrac{\cfrac{\overline{\exists y(F(y) \wedge H(a,y))}}{\exists y(G(y) \wedge H(a,y))} \exists\text{-導入}}{\cfrac{\exists y(G(y) \wedge H(a,y))}{\exists y(F(y) \wedge H(a,y)) \to \exists y(G(y) \wedge H(a,y))} (2), \to\text{-導入}} (1), \exists\text{-除去}}$$
$$\cfrac{\exists y(F(y) \wedge H(a,y)) \to \exists y(G(y) \wedge H(a,y))}{\forall x(\exists y(F(y) \wedge H(x,y)) \to \exists y(G(y) \wedge H(x,y)))} \forall\text{-導入}$$

(説明) 名前 b を含む仮定は F(b)∧H(a,b) のみであるから，⟨∃-除去⟩ が適用できる．また，名前 a を含む仮定 ∃y(F(y)∧H(a,y)) は，⟨→-導入⟩ によって仮定の身分から解き放たれて，∃y(F(y)∧H(a,y))→∃y(G(y)∧H(a,y)) の1部となっているので，つまり，a を含む仮定はもはや存在しないので，⟨∀-導入⟩ が許されるというわけである．

§12.4　3つの論理

われわれは第I部の§7.5において，最小命題論理というものを定義した．それは否定，連言，選言および条件法に対する合計4組の"導入・除去"の規則から成るものであった．

これに，普遍限量と存在限量に対する2組の"導入・除去"の規則（¶12.1.1〜¶12.2.2）を加えたものを，"最小述語論理"，あるいは単に**最小論理**という．

また，同じ節の¶7.5.1において，われわれは直観主義命題論理と呼ばれるものを定義した．この直観主義命題論理に，普遍限量と存在限量に対する2組の"導入・除去"の規則（¶12.1.1〜¶12.2.2）を加えたものを，"直観主義述語論理"，あるいは単に**直観主義論理**というのである．

さらに，§7.6において，古典命題論理と言われるものを定義した．この古典命題論理に，普遍限量と存在限量に対する2組の"導入・除去"の規則（¶12.1.1〜¶12.2.2）を加えたものを，"古典述語論理"，あるいは単に**古典論理**という．本書が，この論理に重点を置いていることは，いまや読者にも明らかであろう．

第13章 述語言語

　第11章の冒頭で述べたように，われわれが扱ってきた言語について，この章で整理しておく．その前に，第9章§9.2の¶9.2.3で触れた変項の自由と束縛について，少し詳しく見ておくことにする．

§13.1　自由変項と束縛変項

　次の"式"
　　(1)　∀x∃y(x は y を愛する)
を見てみよう．但し，話の世界は人間とする．(1)を普通の日本語で表わすならば，その一例は，
　　(2)　どんな人にも愛する人がいる
であろう．
　(2)は，明らかに，"文"と呼んで差し支えない．その上，われわれが通常"叙述文"と呼んでいるものは，この種の文である．(2)は(1)の"翻訳"であるから，あるいは言い方を換えると，(2)は(1)の"内容"であるから，(1)も文と考えることができるであろう．以下，このことを少し説明しよう．そのために専門用語を若干，用意しておく．
　まず，上の(1)には，"x"と"y"という2つの変項が含まれており，その上，"x"と"y"はそれぞれ2度現われている．次に，"∀x"や"∃y"の"x"と"y"のように，限量記号と一緒に用いられている変項を，**限量記号の変項**と呼ぶことにする．

第13章　述語言語● *199*

ここで改めて (1) を見てみると，2番目の"x"は限量記号"∀"の変項"x"に照応していることがわかる．同様に，2番目の"y"は限量記号"∃"の変項"y"に照応している．このように，限量記号の変項に照応している変項は**束縛されている**という．また，限量記号の変項そのものも，束縛されているということにする．すると，(1) の変項はすべて束縛されているわけである．なお，束縛されている変項を**束縛変項**という．

【注1】すでに ¶9.2.3 で述べたように，限量記号"∀"と"∃"は単独に用いられることはなく，常に"x"や"y"など変項と一緒に用いられるので，誤解の生じる恐れのない限り，変項を含んだ"∀x"や"∃y"を限量記号と呼ぶほうが便利なことが多い．これに従えば，"限量記号に照応する変項は束縛されている"，と言うことができる．

ところで，次の
　　　(3)　∃y(x は y を愛する)
を見てみると，2つの変項"y"は束縛されているが，変項"x"には，照応する限量記号（の変項）はない．このように，照応する限量記号のない変項は**自由である**といい，自由である変項を**自由変項**と呼ぶ．すると，(3) の"x"は自由であり，(3) の自由変項は"x"だけである．他方，(3) の束縛変項は"y"である．ついでに，(3) を日本語に翻訳するなら，例えば，
　　　(4)　x には愛する人がいる
となろう．

以上の準備のもとで，(1) と (3) を改めて眺めてみると，まず，(1) には自由な変項は1つもないことがわかる．このように，自由変項が1つもない"式"は**閉じている**といい，閉じている"式"を専門用語で，**文**と呼ぶのである．他方，(3) のように，自由変項を1つでも含んでいるものを**開いている**という．次に，(4) が1項述語であることは，容易にみてとれよう．また，(4) の変項"x"は自由である．かくして，**述語**とは開いた式のことである，ということがわかる．当然，(3) も1項述語である．他方，(3) の2つの"y"は共に束縛されている．では，この束縛変項の役割はいったい何であろうか．

【注2】(3) が述語であることを強調するためには，(3) を「x は誰かを愛する」(x

loves someone) とか,「x は人を愛する」とかと訳すほうがよいかもしれない.

　それを説明する前に,ここで"限量"という操作について,1つ付言しておく.まず,1項述語 (3) が,2項述語
　　(5)　x は y を愛する
から,存在限量によって作られたものであることを確認しておこう.次いで,"文" (1) は,1項述語 (3) から普遍限量によって作られたものである.このように,限量は1つの自由変項を束縛変項に変えるという操作である.自由変項を含む式に1回ずつ限量を行なっていくと,最後には,変項はみな束縛変項になり,自由変項は1つもなくなる.つまり,**0項述語**が得られるわけである.他方,日常の"文" (2) は真偽が定まっていると考えられる.したがって,(1) も真偽が定まっている.その上,(1) には自由変項は1つもない.自由変項が1つもない式を文と呼ぶのは,このような事情によるのである.

【注3】少し技術的な話になるが,第I部で扱った"文記号"は,自由変項を1つも含んでいないので,"閉じている"と考えられる.すなわち,文記号は"文"なのである.文記号に真理値を割り当てるのは,実は,このようなことが背景になっているのである.

　(1) の翻訳 (2) に変項がまったく現われないことからもわかるように,束縛変項は実は,何ものをも表わさないのである.それはもっぱら限量記号との照応関係を示すためのものである.したがって,照応関係が同じである限り,どのような束縛変項を用いてもかまわない.言い換えれば,

> ◆13.1.1　束縛変項は,照応関係が変らない限り,他の変項で書き換えてよい

のである.これに従えば,(2) は,(1) の他に,
　　(6)　$\forall z \exists w (z$ は w を愛する$)$
や

(7)　∀y∃x(y は x を愛する)

と表わすことができるわけである．

　他方，自由変項については，事情はまったく異なる．まず，§9.1で見たように，

◆13.1.2　自由変項に名前を代入することができる

ことは今では，説明を要すまい．例えば，述語 (3) の自由変項 "x" に名前 "ジョン" を代入すると，"文"

(8)　∃y(ジョンは y を愛する)

が得られる．すなわち，

(9)　ジョンには愛する人がいる

である．では，述語 (3) の自由変項 "x" に，"変項を代入する" ことはできないのであろうか．もちろん，出来る．但し，注意することが2つある．まず，(3) の "x" に，例えば，"z" を代入すると，述語

(10)　∃y(z は y を愛する)

が得られる．すなわち，

(11)　z には愛する人がいる

である．ここで注意してほしいのは，述語 (3) と述語 (10) が必ずしも同じではないということである．なぜなら，2つの述語の自由変項 "x" と "z" に代入する名前は，いつも同じであるとは限らないし，またその必要もないからである．もう1つは，自由変項に対する変項の代入は無条件ではないということである．例えば，(3) の自由な "x" に "y" を代入すると，

(12)　∃y(y は y を愛する)

となるが，これは

(13)　自分自身を愛する人がいる

という文であって，述語ではない．このような代入は "不適切である"，と言わねばならない．かくして，

> ¶13.1.3　自由変項に代入する変項は，代入後もその場所で自由でなければならない

のである．だから，(12)は，(3)の"適切な"代入例ではない．これは，例えば，

　　(14)　yはyを愛する

から，存在限量によって得られたか，あるいは例えば，

　　(15)　∃x(xはxを愛する)

から，束縛変項を書き換えて得られたものと考えられる．

§13.2　述語言語の構文論

　前節までの叙述で，述語論理で用いる"文"とその文法に関する実質的準備はすべて整った．本節では，それを"論理式"として，簡潔にまとめておこう．まず，以下のようにして形成される言語を"述語言語"(Predicate Language)——略して，**PrL**——と名づける．なお，叙述を簡単にするため，定義においては，2重引用符の使用はできるだけ控える．

【定義 13.2.1】述語言語 **PrL** の記号
次の S1) から S5) において指定されている記号を，述語言語 **PrL** の記号という．
- S1)　個体変項：$x_1, x_2, x_3, \ldots\ldots$
- S2)　個体定項：$c_1, c_2, c_3, \ldots\ldots$
- S3)　1項述語記号：　$F_1^1, F_2^1, F_3^1, \ldots\ldots$
  　　　2項述語記号：　$F_1^2, F_2^2, F_3^2, \ldots\ldots$
  　　　・　・　・　・　・
  　　　n項述語記号：　$F_1^n, F_2^n, F_3^n, \ldots\ldots$
- S4)　論理記号：　¬, ∧, ∨, →, ∀, ∃
- S5)　カッコ：　(,)

述語言語をより一般的に形成しようと思えば，0項述語記号，つまり，文記号を最初に導入することもできる．また，矛盾記号"⊥"も同時に採用する方法もある．双条件記号は，すでに§3.2で学んだように，条件記号と連言記号によって定義できるので，ここには記さない．

【注1】叙述の簡明さとわかりやすさのために，次のような便法を用いることにする．"個体変項"を"変項"と略記し，記号も"x"，"y"，"z"などを用いる．また，"個体定項"を"名前"と略記し，記号"c"，"b"などで表わす．さらに，述語記号の一般形式は，S3) から，"F_j^n"であることがわかるが，肝心なのは述語の"項数"であるから，それをそのつど明記して，実際の場面では，誤解の生じる恐れが無い限り，より簡単な記号"F"，"G"，"H"などを用いる．

【定義13.2.2】述語言語 **PrL** の表現
述語言語の記号を有限個（左から右へ）並べたものを，述語言語の表現という．

表現の中で重要なのは，対象を表わす表現と日常語のセンテンスにあたる表現である．前者に当たるのが一般に**項**と呼ばれるもので，これには変項と名前がある．後者は次のように定義される．

【定義13.2.3】述語言語 **PrL** の論理式
- W1) Pをn項述語記号，$t_1, t_2, \ldots, t_n$ をn個の（必ずしも相異ならない）項とするとき，$P(t_1, t_2, \ldots, t_n)$ は論理式である．
- W2) Aが論理式なら，(¬A) は論理式である．
- W3) 〜W5) AとBが論理式なら，(A∧B)，(A∨B) および (A→B) は論理式である．
- W6) 〜W7) A(a) を，名前aを1回以上含む論理式とする．またxを，A(a) に含まれていない変項とする．さらに，A(a) のaを1回以上xで置き換えた結果をA(x) とする．このとき，∀x A(x) および ∃xA(x) は論理式である．
- W8) 以上のW1) 〜W7) によるものだけが論理式である．

【注1】上のW6)～W7)によれば，同一の論理式においては，1つの限量記号の作用範囲に，その変項と同じ変項をもつ限量記号を用いないことが要求されている．（なお，§10.3【例3】の(9)を参照のこと．）これは本質的なことではないが，証明，とくに自然演繹の場合は便利である．また，前章まで行なってきた記号化は，この方針にしたがっている．なお，0項述語，すなわち文記号をW1)に加えることもできるが，本書では省略する．

これらを基にして，前節で取り上げた事項を定義としてまとめておこう．

【定義 13.2.4】作用範囲・自由変項・束縛変項
1) 論理式において，限量記号の右にある（変項以外の）表現を，その限量記号の作用範囲という．
2) 変項は，少なくとも1つの限量記号の作用範囲内にあれば，束縛されているといい，束縛されている変項を束縛変項という．
3) 束縛されていない変項は，自由であるといい，自由である変項を自由変項という．

【定義 13.2.5】開式・閉式・述語・文
1) 自由変項を含む論理式は，開いているといい，開いている論理式を開式あるいは述語という．
2) 自由変項を含まない論理式は，閉じているといい，閉じている論理式を，閉式あるいは文という．

すでに気が付いたことと思うが，例えば，第10章において記号化された日常文は，原始的述語を含んでいることを除けば，すべて上の【定義 13.2.5】の意味での閉式，すなわち文である．また，第11章および第12章で扱ってきた論理式は，述語がF，G，Hなどの記号であることを除けば，同じく，すべて上の【定義 13.2.5】の意味での閉式，すなわち文である．そして，そのようなものに限ったのは，§8.2の2値原理（◆8.2.2）で見たように，真偽を語れるのは文のほかにないからである．このことを念頭において，最後に，述語

言語の解釈を考えてみる．

§13.3　述語言語の意味論

　前節末尾で述べたように，われわれは述語言語の解釈を文，すなわち閉式に限定して行なうことにする．つまり，自由変項を含む論理式は考慮の外に置くのである．すると，まず，述語言語の論理式の【定義13.2.3】も少し改めねばならない．

¶13.3.1　閉論理式の定義

まず，W1) は，"項"を"名前"に限定して，
　　W*1)　Pをn項述語記号，$t_1, t_2, ..., t_n$をn個の（必ずしも相異ならない）名前とするとき，$P(t_1, t_2, ..., t_n)$は閉論理式である

と改めることになる．次に，W2) は
　　W*2)　Aが閉論理式なら，(￢A) は閉論理式である

となる．また，W3) ～W5) は，
　　W*3) ～W*5)　AとBが閉論理式であるなら，(A∧B)，(A∨B)
　　　　　　　　　および (A→B) も閉論理式である

となる．さらに，W6) ～W7) は次のようになる．
　　W*6) ～W*7)　A(a) を，名前aを1回以上含む閉論理式とする．またxを，A(a) に含まれていない変項とする．さらに，A(a) のaを1回以上xで置き換えた結果をA(x) とする．このとき，∀x A(x) および ∃xA(x) は閉論理式である．

　最後に，W8) はこうなる．
　　W*8)　以上のW*1) ～W*7) によるものだけが閉論理式である．

　さて，このように限定した論理式を解釈するためには，W*1) とW*6) ～W*7) で定義されている論理式の解釈を与えれば，それで十分であろう．W*2) ～W*5) で定義されている論理式は，第Ⅰ部で扱った否定，連言，

選言および条件法だからである．

¶13.3.2 解釈と議論領域

述語言語の文を用いて主張が行なわれる場合，これまで幾度も見てきたように，話の世界が何であるか，前もって了解されているのであった．したがって述語言語の記号の解釈は，常に，この話の世界と相対的に行なわれることになる．これが命題言語の解釈と決定的に異なるところである．

【定義 13.3.1】記号の解釈
　述語言語の記号の解釈——それを記号 M で表わすことにする——とは，1つの話の世界——それを"解釈の領域"といい，記号 U で表わすことにする——を設定し，その上で，名前と述語記号に対する次のような割り当てのことである．
　　J1)　名前 c には，U の要素——それを"名前 c の指示対象"といい，記号で M[c] と表わすことにする——を1つずつ割り当てる．
　　J2)　n 項述語記号 P には，U の要素の順序 n 組の集合——それを"述語 P の外延"といい，記号で M[P] と表わすことにする——を1つずつ割り当てる．

(説明) この定義に少し説明を加えておこう．J1) は§8.2の名前の特徴（◆8.2.3）を適用したものである．つまり，名前が実際にその話の世界内の特定の対象の名前であることを保証しているのである．また J2) は，§8.3の述語の特徴（◆8.3.1）を適用したものである．個別的に言えば，次のようになる．1項述語は性質を表わす表現であるが，解釈を扱いやすくするためには，その性質を，1項述語の成り立つ対象の集合と考えるのがよい．こうして意味論では，1項述語記号には話の世界の1つの部分集合——これには U 自身も含まれる——を割り当てるのである．注意すべきことは，空集合は話の世界の部分集合であるから，1項述語記号の解釈として空集合を割り当てることもできることである．なぜなら，これは，1項述語がゼロ個の対象について成り立つ（すなわち，どの対象についても成り立たない）場合であるから．また，2項述語は2項関係を表わす表現であるが，この2項関係を，その2項関係にある対象の

第13章　述語言語● *207*

順序2組から成る集合とみなすと扱いやすくなる．こうして意味論においては，2項述語記号には，話の世界内の対象の順序2組から成る1つの集合を割り当てることになる．なお，1項述語記号の場合と同じように，空集合を割り当てることもできる．以下，n項述語記号の場合も同様である．

以上の準備の下で，閉論理式すなわち文の解釈を与える．これは，当然，上の閉論理式の定義（¶13.3.1）に沿って行なわれる．

【定義13.3.2】閉論理式（文）の解釈

Aを文，Mを解釈とする．解釈Mの下での文Aの解釈——それを記号で，M[A]と表わすことにする——とは，次のような真理値TあるいはFの割り当てである．

T1) 文Aが，$P(t_1, t_2, ..., t_n)$の場合．
〈$M[t_1], M[t_2], ..., M[t_n]$〉が$M[P]$に属するなら，$M[P(t_1, t_2, ..., t_n)] = T$．
それ以外のとき，$M[P(t_1, t_2, ..., t_n)] = F$．

T2) 文Aが否定（¬B）の場合．
$M[B] = T$なら，$M[(¬B)] = F$．
それ以外のとき，$M[(¬B)] = T$．

T3) 文Aが（B∧C）の場合．
$M[B] = M[C] = T$なら，$M[(B∧C)] = T$．
それ以外のとき，$M[(B∧C)] = F$．

T4) 文Aが（B∨C）の場合．
$M[B] = M[C] = F$なら，$M[(B∨C)] = F$．
それ以外のとき，$M[(B∨C)] = T$．

T5) 文Aが（B→C）の場合．
$M[B] = T$かつ$M[C] = F$なら，$M[(B→C)] = F$．
それ以外のとき，$M[(B→C)] = T$．

T6) 文Aが$∀xB(x)$の場合．
領域U内のどの対象に関しても，その名前aに対して$M[B(a)] =$

　　　　T なら，M[∀xB(x)]＝T.
　　　　それ以外のとき，M[∀xB(x)]＝F.
　T7)　文 A が ∃xB(x) の場合.
　　　　領域 U 内の少なくとも 1 つの対象に関し，その名前 a に対して
　　　　M[B(a)]＝T なら，M[∃xB(x)]＝T.
　　　　それ以外のとき，M[∃xB(x)]＝F.

(説明) この定義に少しばかり，説明を加えておこう．まず，文記号 p が【定義 13.2.3】の論理式に認められている場合は，M[p]＝T または F と定義する．これはあえて言うまでもなかろう．次に，T1) は，名前の特性 (◆8.2.3) と述語の特性 (◆8.3.1) を組み合わせたものである．理解を容易にするために，1 項述語について述べる．G を 1 項述語記号，c を名前とする．解釈 M の領域 U として，自然数全体の集合 {1, 2, 3, ……} を採り，G は "奇数である" という性質を表わし，c は自然数 3 を指すものと解釈する．つまり，G の外延 M[G] は集合 {1, 3, 5, ……} で，c の指示対象 M[c] は数 3 というわけである．明らかに，数 3 は集合 {1, 3, 5, ……} に含まれているから，閉論理式 G(c) の解釈 M[G(c)] は T である．以下，n 項述語記号についても同様である．また，T2)〜T5) は，命題言語の場合と本質的に同じであるから，特に説明を要すまい．最後に，T6)〜T7) について．重要なのは，"領域内の対象の名前 a" を用いることである．領域内の対象がすべてわれわれの名前によって尽くされるという保証はないからである．もちろん，われわれの言語の名前 "c" が 1 つの領域で解釈されたとき，"a" と同じ対象を指すことはありうる．いずれにせよ，領域内の対象の名前をすべて加えておけば，意味論はスムーズに展開される．このことを踏まえると，T6) と T7) は，それぞれ，普遍限量記号 ∀ と存在限量記号 ∃ の意味から，直ちに了解できよう．

上の解釈の【定義 13.3.2】を基にして，"文の真偽" という概念を定義として掲げておく．

【定義 13.3.3】文の真偽
A を文，M を解釈とする．M[A]＝T なら，

文Aは解釈Mにおいて真である

といい，記号で

　　　M ⊨ A

と表わす．そうでない場合には，

　　　文Aは解釈Mにおいて偽である

といい，記号で

　　　M ⊭ A

と表わす．

【注1】これまで見てきたことから明らかなように，述語言語の閉論理式の真偽は，命題言語の論理式の場合と同じように，解釈と相対的に定まるのであった．言い換えれば，与えられた閉論理式について真偽を語る場合は，常に解釈が前提されているのである．しかし，その解釈がどのようなものであるかが具体的に問われるまでは，あえて明記しないことがある．第11章の"符号付き論理式"において，当初，解釈が伏せられているのはそのためである．というよりも，真理木は解釈の細部を確定する作業と考えるほうが適当であろう．

　次に，閉論理式と議論形式の妥当性を定義する．

【定義13.3.4】論理的妥当性

　　V1)　Aを文とする．あらゆる解釈の下でAが真であるなら，

　　　　　文Aは論理的に妥当である

といい，記号で

　　　⊨　A

と表わす．そうでない場合は，

　　　文Aは論理的に妥当でない

といい，記号で

　　　⊭　A

と表わす．

　　V2)　$A_1, A_2, \ldots, A_n$ およびBを文とする．$A_1, A_2, \ldots, A_n$ のすべてが同時に真となるあらゆる解釈の下で，Bがまた常に真となるなら，

議論形式 "$A_1, A_2, \ldots, A_n \;\therefore\; B$" は論理的に妥当である
といい，記号で
$$A_1, A_2, \ldots, A_n \models B$$
と表わす．そうでない場合は，
議論形式 "$A_1, A_2, \ldots, A_n \;\therefore\; B$" は論理的に妥当でない
といい，記号で
$$A_1, A_2, \ldots, A_n \not\models B$$
と表わす．

最後に，解釈の例を挙げておこう．命題言語の場合もそうであったように，述語言語の場合も，実際に解釈を要するのは，与えられた議論形式に含まれている個々の論理式である．つまり，その議論形式に現われている個体定項および述語記号に解釈を施せばよいのである．なお，以下では，議論をわかりやすくするために，例えば，"対象に関し，その名前 a に対して" の代わりに，"対象 a に対して" と述べることにする．

【例1】G を1項述語記号とするとき，次のことを示しなさい．
   (1) $\models \;\; \forall x G(x) \rightarrow \exists x G(x)$
   (2) $\not\models \;\; \exists x G(x) \rightarrow \forall x G(x)$

(証明) (1) について．背理法による．$\not\models \forall x G(x) \rightarrow \exists x G(x)$ とする．すると，$M[\forall x G(x) \rightarrow \exists x G(x)] = F$ となる解釈 M が存在することになる．したがって，T5) により，
$$M[\forall x G(x)] = T \ldots \;\;①$$
かつ
$$M[\exists x G(x)] = F \ldots \;\;②$$
となる．①から，T6) により，領域 U のすべての対象 a に対して
$$M[G(a)] = T \ldots \;\;③$$
となる．すると，T7) により，③から，
$$M[\exists x G(x)] = T \ldots \;\;④$$
となるが，この④は②と矛盾する．

(2) について．領域 U 自身以外の部分集合――これを U の真部分集合という――を G の外延 M[G] にとる解釈を M とする．すると，領域 U 内の少なくとも1つの対象 a に対して，M[G(a)]=T．よって，T7) により，M[∃xG(x)]=T．他方，G の外延 M[G] に属さない領域 U の対象 b が少なくとも1つ存在する．すなわち，M[G(b)]=F である．したがって，T6) により，M[∀xG(x)]=F．したがって，T5) により，M[∃xG(x)→∀xG(x)]=F．かくして，V1) により，⊭ ∃xG(x)→∀xG(x)．

【例2】H を2項述語として，次のことを示しなさい．
    (1)   ∃x∀y H(x, y)   ⊨   ∀y∃xH(x, y)
    (2)   ∀y∃xH(x, y)   ⊭   ∃x∀y H(x, y)

(証明) (1) について．背理法による．すると，V2) により，
    M[∃x∀y H(x, y)]=T... ①
かつ
    M[∀y∃xH(x, y)]=F... ②
なる解釈 M が存在することになる．①から，T7) により，M の領域 U の少なくとも1つの対象 a に対して，
    M[∀y H(a, y)]=T... ③
である．他方，②から T6) により，M の領域 U の少なくとも1つの対象 b に対して
    M[∃xH(x, b)]=F... ④
である．すると，③から T6) により，
    M[H(a, b)]=T... ⑤
となり，また④から，T7) により，
    M[H(a, b)]=F... ⑥
となる．しかし，⑤は⑥と矛盾する．
  (2) について．解釈 M を次のように定める．
    M の領域 U={α, β, γ, δ, ε}，
    H の外延 M[H] = {⟨β, α⟩, ⟨γ, β⟩, ⟨δ, γ⟩, ⟨ε, δ⟩, ⟨α, ε⟩}．
すると，T1) により，M[H(β, α)]=T．よって，T7) により，M[∃xH(x,

$\alpha)]=T$. 同様にして，$M[\exists xH(x,\beta)]=T$，$M[\exists xH(x,\gamma)]=T$，$M[\exists xH(x,\delta)]=T$，$M[\exists xH(x,\varepsilon)]=T$. かくして，T6) により，$M[\forall y\exists xH(x,y)]=T$. 他方，H の外延 M[H] には，U のすべての対象 a に対して，$\langle b, a\rangle$ となるような U の対象 b は 1 つも存在しない．つまり，どの b についても，$M[\forall yH(b,y)]=F$ である．かくして，T7) により，$M[\exists x\forall yH(x,y)]=F$ である．よって，$\forall y\exists xH(x,y) \not\models \exists x\forall yH(x,y)$.

【注 2】上の【例 1】の (2) および【例 2】の (2) のように，論理式あるいは議論形式が妥当でないことを示すには，"反例" を 1 つ提示できればよいのである．

【練習問題 1】G と H を 1 項述語として，次のことを示しなさい．
 (1) $\forall x(G(x)\lor H(x)) \not\models \forall xG(x)\lor \forall xH(x)$
 (2) $\forall xG(x)\lor \forall xH(x) \models \forall x(G(x)\lor H(x))$
 (3) $\exists x(G(x)\land H(x)) \models \exists xG(x)\land \exists xH(x)$
 (4) $\exists xG(x)\land \exists xH(x) \not\models \exists x(G(x)\land H(x))$

参考文献

　以下に掲載した文献は，読者が記号論理についてのスキルをいっそう磨き，知識を蓄え，さらに，論理学をめぐる哲学的問題について自ら考えるための，文字通りの参考である．まず文献を列挙し，次いで簡単に解説する．

【邦書】
[1] 内井　惣七（1989）『真理・証明・計算』ミネルヴァ書房
[2] 大出　　晃（1991）『自然な推論のための論理学』勁草書房
[3] 金子　洋之（1994）『記号論理入門』産業図書
[4] 坂本百大編（1986-87）『現代哲学基本論文集Ⅰ，Ⅱ』勁草書房
[5] 清水　義夫（1984）『記号論理学』東京大学出版会
[6] 須藤　新吉（1971）『論理学綱要　改訂版』内田老鶴圃
[7] 丹治　信治（1999）『タブローの方法による論理学入門』朝倉書店
[8] 戸田山和久（2000）『論理学をつくる』名古屋大学出版会
[9] 野本　和幸（1988）『現代の論理的意味論』岩波書店
[10] 野矢　茂樹（1994）『論理学』東京大学出版会
[11] ─────（1997）『論理トレーニング』産業図書
[12] 藤村　龍雄（1972）「現代論理学の体系」，坂本百大編『ことばの哲学』
　　　学文社，所収
[13] 前原　昭二（1967）『記号論理入門』日本評論社
[14] ─────（1973）『数理論理学』培風館
[15] 三浦　俊彦（2004）『論理学がわかる事典』日本実業出版社
[16] 吉田　夏彦（1958）『論理学』培風館

【翻訳】
[17] クワイン（1972）『論理学の哲学』培風館［Quine, W. V. *Philosophy of*

Logic, Prentice Hall, 1970.]
[18] ─── (1978)『論理学の方法　原書第3版』岩波書店 [───, Methods of Logic; 3rd edition , Holt, 1972.]
[19] ジェフリー (1992)『記号論理学』マグロウヒル [Jeffrey, R. Formal Logic: Its Scope and Limits, McGraw-Hill, 1991.]
[20] ストローソン (1974-1976)『論理の基礎（上下）』法律文化社 [Strawson, F. Introduction to Logical Theory, Methuen, 1952.]
[21] テニント (1981)『自然演繹の論理学』八千代出版 [Tennant, N. Natural Logic, Edinburgh U. P., 1978; 2nd edition, 1990.]
[22] ノルト／ロハティン (1994-96)『例題で学ぶ現代論理学』(I) マグロウヒル (II) オーム社 [Nolt, J. & Rohatyn, D. Schum's Outline of Theory and Problems of Logic, McGraw Hill, 1988.]
[23] フレーゲ (1988)『フレーゲ哲学論集』岩波書店
[24] フレーゲ (1999-2002)『フレーゲ著作集』(全6巻) 勁草書房
[25] レモン (1973)『論理学初歩』世界思想社 [Lemmon, E. J. Beginning Logic, Nelson, 1965.]

【洋書】
[26] Baldwin, T. R.& Smiley, T. R. (eds.) (2004) *Studies in the Philosophy of Logic and Knowledge*, The British Academy.
[27] Boolos, G. S., Jeffrey, R. C. & Burgess, J. P. (2002) *Computability and Logic*, Cambridge U. P; 4th edition.
[28] Bostock, D. (1997) *Intermediate Logic*, Oxford U. P.
[29] Enderton, H. B. (2001) *A Mathematical Introduction to Logic*, Academic Press; 2nd edition.
[30] Fischer, A. (2004) *The Logic of Real Argument*, Cambridge U. P.; 2nd edition.
[31] Forbes, G. (1994) *Modern Logic*, Oxford U. P.
[32] Gabbay, D.& Guenther, F. (eds.) (1983-89) *A Handbook of Philosophical Logic*, 4 vols., D. Reidel ; 2nd edition, 18 vols., 2001─
[33] Grayling, A. C. (1997) *An Introduction to Philosophical Logic*, Har-

vester; Blackwell; 3rd edition.
[34] Jacqette, D. (ed.) (2002) *Philosophy of Logic*, Blackwell.
[35] Leary, C. C. (2001) *A Friendly Introduction to Mathematical Logic*, Prentice Hall.
[36] Lepore, E. (2003) *Meaning and Argument*, Blackwell; 2nd edition.
[37] Martin, M. M. (2004) *Introduction to Symbolic Logic*, Broadview Press.
[38] Priest, G. (2001) *An Introduction to Non-Classical Logic*, Cambridge U. P.
[39] Quine, W. V. (1951) *Mathematical Logic*, Harper & Row; 2nd edition.
[40] Sainsbury, M. (2001) *Logical Forms*, Blackwell; 2nd edition.
[41] Shapiro, S. (1991) *Foundations without Foundationalism*, Clarendon Press.
[42] ───── (ed.) (1996) *The Limits of Logic*, Dartmouth.
[43] ───── (ed.) (2005) *The Oxford Handbook of Philosophy of Mathematics and Logic*, Oxford U. P.
[44] Silver, C. H. (1994) *From Symbolic Logic・・・To Mathematical Logic*, Wm.C. M.
[45] Smith, P. (2003) *Introduction to Formal Logic*, Cambridge U. P.
[46] Strawson, P. F. (ed.) (1967) *Philosophical Logic*, Oxford U. P.
[47] Thomason, R. H. (1970) *Symbolic Logic : An Introduction*, Macmillan.
[48] Toulmin, S. E. (2003) *The Use of Argument*, Cambridge U. P.; Updated edition.
[49] Varzi, A. C. (ed.) (1999) The Nature of Logic, *European Review of Philosophy*, vol. 4, C. LI.

[I] 演繹体系

　形式言語についての解釈は，現在は，ほぼ確定しているので，標準的テキストは，主として演繹体系によって，A) 公理系，B) タブロー法，C) 自然演繹，D) Sequent Calculus などに分類できる．

A) 公理系

本書ではこれについてはまったく触れていない．代表的なものは，[5]，[10]，[12]，[29]，[35]，[47] であろう．これらはどれも，演繹体系の"健全性と完全性"の定理を証明してある．[47] には，証明に必要な集合についての知識も述べられている．なお，[29]，[35] は理系向きなので，[44] はそれらへの橋渡しとして役に立とう．

B) タブロー法

タブロー法を普及するのに大きく貢献したのが，[19] の原書初版（1967）である．[7] は簡明で，"完全性"まで証明してある．[8] は大冊で，内容はタブロー法や完全性にとどまらず，広範多岐にわたっている．文献も詳しい．[45] も叙述が丁寧で，文献解題もあり，初心者向きの好著である．

C) 自然演繹

これには幾つかのバリエーションがある．発案者ゲンツェン（G. Gentzen）の構想に忠実で，最もオーソドックスなのは [13]，[21]，[28] で，本書はこの流れを汲む．他方，レモン（B. J. Lemmon）スタイルと呼ばれるのが [25]，[2]，[3]，[22]，[31] である．さらに，Subordinate Proof と呼ばれるフィッチ（F. Fitch）スタイルのものに [8]，[37]，[47] がある．

D) Sequent Calculus

自然演繹が推論を分解して考察するのに対して，推論そのものを取り上げるのが，Sequent Calculus である．これもゲンツェンの考案になるもので，その精神を最も正確に伝えているのが [14] である．[16] は自然演繹を Sequent Calculus で表したものであるが，同時に，[14] への入門の役割も果たす．

[II] メタ論理学的考察

本書で説明したような論理に習熟した後には，そのような"論理そのもの"についての考察が求められる．論理体系の決定(不)可能性，完全性，不完全性

などについての，いわゆるメタ論理学的考察である．これらこそが，実は，記号論理の成果である．それらについては，[1]，[27]，[29]，[35] がよい．[44] は，タイトルから伺えるように，それらへの手引きになろう．なお，[10] は不完全性についての，分かりやすいガイドになっている．

[III] 高階論理

本書で述べた述語論理は1階論理と呼ばれるもので，2階あるいはそれ以上の高階論理については，本書ではまったく触れていない．現在のところ [41] がこれについての唯一の単行本である．他に [27]，[29] などで簡単に触れられている．また，[32] にも関連した記述がある．

[IV] 非標準論理

本書で述べた論理は，標準論理であり，古典論理と呼ばれる．現在は，（本書でも少し触れた）直観主義論理の他に，様相論理，多値論理，ファジィー論理などの，非標準・非古典論理が盛んに研究されている．それらについては，[2]，[8]，[10]，[14]，[31]，[38] などが取り上げている．

[V] 記号論的考察

論理学を厳格に展開するためには，対象言語とメタ言語の区別，引用符，"使用と言及" などに関する記号論的考察が必要である．それらについては [31]，[39]，[45] が役に立つ．

[VI] 日常言語との関係

記号論理学はわれわれが日常生活で行なうさまざまな議論とどのような関係にあるのか，これは常に問われる問題である．[20] は否定的な見解の代表的なものである．他方，[18]，[22]，[31]，[36] それに [47] は，それとは明言してはいないが，日常文の記号化にかなりのスペースを割いているところからみて，色々な意味で――ただし，ニュアンスは相当に異なる――肯定的と考えてよいであろう．

[VII] 批判的思考

　これは，作文や自己表現などとの関連で，特に英米で盛んな分野であるが，ここでは [30] と [48] の 2 点を挙げるにとどめる．[11] は，日本語のものとしては，唯一のものであろう．なお，[6] は伝統的形式論理学に関するものであるが，哲学専攻の学生に一読を薦めたい．[15] は楽しい読み物である．

[VIII]　哲学的論理学

　論理学には文法的概念と意味論的概念が不可欠である．そして，これらは，必然的に哲学的考察を要求する．[33] と [40] は概説書，[17] と [46] はいまや古典である．最近のものとしては，[34]，[43] と [49] がある．

　他方，記号論理が現代哲学において大きな位置を占めるのは，哲学に対する 1 つの方法——その是非はともかくとして——を提示しているからであろう．[4] と [9] がその代表的なものであろう．

　いわゆる分析哲学において現在論じられている諸問題は，いずれも，ドイツの論理学者フレーゲ (G. Frege) に由来するといってよい．[23] は彼の主要論文を集めたもので，[24] は，彼の著作の大部分を収め，書簡も含まれている．

[IX]　論理学の哲学

　論理学が含む問題には，当然のことながら，技術的に考慮しなければならないものがある．つまり，論理学のもつ哲学的問題を正確に理解し，解決するためには，技術的考察を必要とする側面が存在するわけである．これについては，[34] や [42] がある．

[X]　便覧

　記号論理学は，現在では，実にさまざまな分野から成り立っている．その状況を知るには，[32] と [43] がよい．この 2 冊は，現在望みうる最新の情報を提供してくれる．なお，[32] の第 2 版は全 18 巻を予定し，現在，刊行中である．

練習問題解答

§1.3【練習問題1】
(A) は(i). (B) は(iv). (C) は(vi). (D) は(ii). (E) は(iii). (F) は(iii). (G) は(ix). (H) は(iv). (I) は(vi). (J) は(i). (K) は(v). (L) は(vii). (M) は(xi).

残りの(viii)と(x)の例としては、いささか不自然だが、次のような"前提が1個"の議論が考えられる.

(viii)の例: ヒトラーはドイツ人であり、かつナポレオンはドイツ人である. ゆえに、ヒトラーはドイツ人である.

(x)の例: ショパンはドイツ人であり、かつナポレオンはフランス人である. ゆえに、ショパンはドイツ人である.

§1.4【練習問題1】
(K) の形式: pまたはq, pでない ∴ qでない　　(L) の形式: pまたはq, p ∴ qでない

(M) の形式: pまたはq, p ∴ q　ちなみに、§1.3【練習問題1】の(viii)と(x)の例の形式は、共に、"pかつq ∴ p"である.

§2.1【練習問題1】
(1) ¬（彼女は幸せである）　(2) ¬（彼女は不幸せである）または¬（¬（彼女は幸せである））　(3) ¬（それは合法である）　(4) ¬（¬（それは合法である））または¬（それは違法である）　(5) ¬（彼を負かす人がいる）　(6) ¬(a<b)

§2.2【練習問題1】
(1) ジョンは出席するがメアリーは出席しない. (3) ジョンが出席してメアリーが出席しない、ということはない.

§2.2【練習問題2】
(1) $p \land q$　(2) $\neg p \land \neg q$　(3) $(p \land q) \land r$ または $p \land (q \land r)$
(4) $p \land (\neg q \land \neg r)$　(5) $(p \land \neg q) \land r$ または $p \land (\neg q \land r)$

練習問題解答● 221

(6) $(p \wedge q) \wedge \neg r$　(7) $(\neg p \wedge \neg q) \wedge r$　(8) $\neg p \wedge \neg q$
(9) $\neg (\neg p \wedge \neg q)$　(10) $(\neg p \wedge q) \wedge \neg r$ または $\neg p \wedge (q \wedge \neg r)$

§2.3【練習問題1】
(2) ジョンが出席しないかまたはメアリーが出席する．(4) ジョンが出席しないかまたはメアリーが出席する，ということはない．

§2.3【練習問題2】
(1) ～ (3) $p \vee q$　(4) ～ (7) $\neg p \vee \neg q$　(8) $(\neg p \vee \neg q) \vee \neg r$
または $\neg p \vee (\neg q \vee \neg r)$　(9) $p \vee (\neg q \vee \neg r)$

§2.3【練習問題3】
唯一の正解はない．しいて言えば，(1) と (3) が通常の選言で，(2) と (4) は排反的選言で表わされよう．

§2.4【練習問題1】
(4) は "ジョンとメアリーのうち，どちらかが出席しない，ということはない"，(5) は "ジョンとメアリーのうち，どちらも出席しない，ということはない"，そして (6) は "ジョンとメアリーのうち，どちらも出席しない"，と翻訳できる．等値な文は (1) と (5)，(2) と (6)，そして (3) と (4) である．

§2.4【練習問題2】 真理表を用いなさい．

§2.5【練習問題1】　$(A \downarrow B) \downarrow (A \downarrow B)$

§2.5【練習問題2】　$(A | B) | (A | B)$

§3.1【練習問題1】
(1) "$a=b$ ならば $a \times c = b \times c$" の a に 1，b に 0，c に 10 を代入しなさい．
(2) a, b を正の実数として，"$(a>b)$ ならば $(a^2 > b^2)$" の a に $10\sqrt{10}^{21}$ を，b に $(21/20)^{100}$ を代入しなさい．

§3.1【練習問題2】真理表を用いなさい

§3.1【練習問題3】省略

§3.1【練習問題4】
1＝0とする．両辺に10を掛けると，1×10＝0×10．両辺を整理すると，10＝0．

§3.1【練習問題5】省略

§3.1【練習問題6】
日本文の解釈によって，解答は異なる．最も単純な解釈を採用すると，次のようになろう．
(1) 薬を飲む → 風邪が治る　(2) ¬（風邪が治る）→ ¬（薬を飲む）
(3) ¬（この子にお駄賃を上げる）→ ¬（この子はお使いをしてくれる）
(4) この子にお駄賃を上げる → この子はお使いをしてくれる
(5) 〜 (6) この子はお使いをしてくれる → この子にお駄賃を上げる
なお，§3.2の【練習問題2】を参照のこと．

§3.2【練習問題1】省略

§3.2【練習問題2】
日本文の解釈によって，解答は異なる．最も単純な解釈を採用すると，(1) 〜 (3) はすべて双条件法になる．(1) この子はお駄賃を貰う←→この子はお使いをする　(2) ジョンは出席する←→メアリーは出席する　(3) メアリーは出席する←→ジョンは出席する．また，次のような解釈も可能である．(1) この子はお使いをする→この子はお駄賃を貰う　(2) ジョンは出席する → メアリーは出席する　(3) ジョンが出席する → メアリーは出席する

§3.2【練習問題3】省略

§3.4【練習問題1】
"太郎は出席する"をp，"花子は出席する"をqとする．
(1) p, q ∴ p∧q　(2) p∧q ∴ q　(3) p∨q, ¬p ∴ q
(4) ¬(p∧q), q ∴ ¬p　(5) ¬(p∧q) ∴ ¬p∨¬q
(6) ¬p∨¬q ∴ ¬(p∧q)

§3.4【練習問題2】
(1) p→q, ¬p→r, p∨¬p ∴ q∨r
(2) p→q, ¬p→r, p∨¬p ∴ q∨r
(3) p→q, ¬p→q, p∨¬p ∴ q

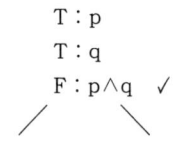

§3.4【練習問題3】省略

§4.2【練習問題1】
(1) 妥当　(2) 妥当でない

§4.2【練習問題2】
(1) 妥当　(2) 妥当でない　(3) 〜 (10) 妥当

§4.3【練習問題1】
(1) 妥当（恒真）　(2) 妥当でない（恒真でない）
(3) 〜 (10) 妥当（恒真）

§4.4【練習問題1】〜【練習問題4】省略

§4.4【練習問題5】(1) 〜 (5) 妥当

§4.4【練習問題6】(1) 〜 (5) 恒真

§5.2【練習問題1】
　p, ¬p ⊨ q

$$\begin{array}{l} T:p \\ T:\neg p \quad \checkmark \\ F:q \\ | \\ F:p \\ (\times) \end{array}$$

§5.3【練習問題1】
(1) 　p, q ⊨ p∧q

$$\begin{array}{l} T:p \\ T:q \\ F:p\land q \quad \checkmark \end{array}$$

```
        F : p              F : q
        (×)                (×)
```

§5.3【練習問題2】

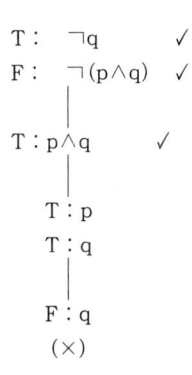

(3) ¬q ⊨ ¬(p∧q)

```
            T :  ¬q           ✓
            F :  ¬(p∧q)       ✓
                 |
            T : p∧q           ✓
                 |
            T : p
            T : q
                 |
            F : q
            (×)
```

§5.4【練習問題1】

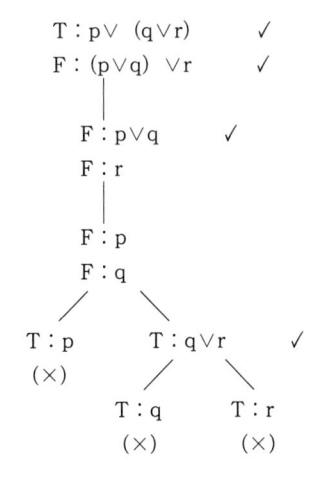

(1) p∨ (q∨r) ⊨ (p∨q) ∨r

```
              T : p∨ (q∨r)       ✓
              F : (p∨q) ∨r       ✓
                    |
                F : p∨q          ✓
                F : r
                    |
                F : p
                F : q
                  / \
            T : p    T : q∨r    ✓
            (×)       / \
                  T : q    T : r
                  (×)     (×)
```

§5.4【練習問題2】省略

§5.4【練習問題3】

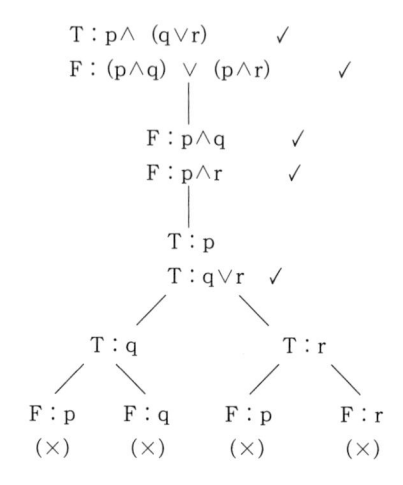

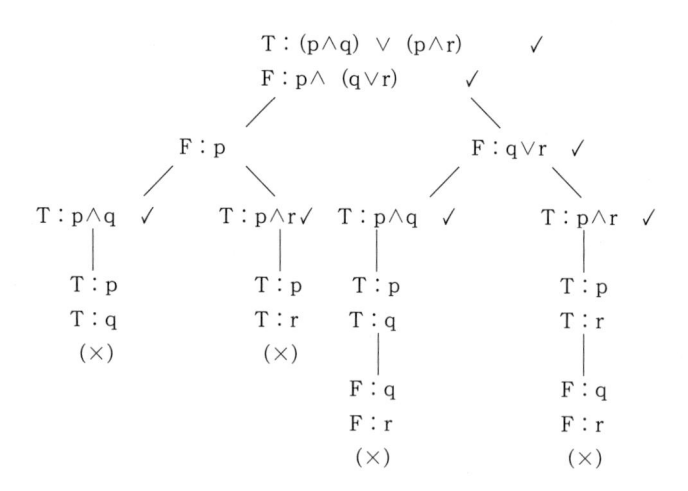

(1)　　p∧(q∨r)　⊨　(p∧q)∨(p∧r)

```
            T : p∧(q∨r)       ✓
            F : (p∧q)∨(p∧r)   ✓
                  │
                F : p∧q        ✓
                F : p∧r        ✓
                  │
                T : p
                T : q∨r  ✓
              /         \
           T : q         T : r
          /    \        /    \
        F : p  F : q  F : p  F : r
        (×)   (×)    (×)    (×)
```

(2)　(p∧q)∨(p∧r)　⊨　p∧(q∨r)

```
                T : (p∧q)∨(p∧r)        ✓
                F : p∧(q∨r)            ✓
              /                        \
           F : p                      F : q∨r  ✓
          /        \              /            \
     T : p∧q ✓   T : p∧r ✓   T : p∧q ✓      T : p∧r ✓
        │           │            │                │
      T : p       T : p        T : p            T : p
      T : q       T : r        T : q            T : r
      (×)         (×)            │                │
                               F : q            F : q
                               F : r            F : r
                               (×)              (×)
```

§5.4【練習問題4】

(1)　　¬(p∧q)　⊨　¬p∨¬q

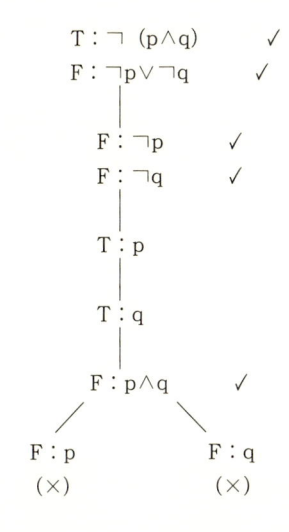

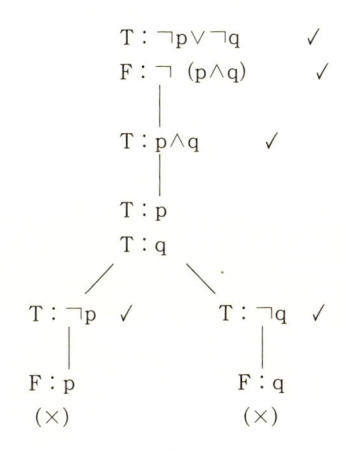

```
        T : ¬(p∧q)        ✓
        F : ¬p∨¬q         ✓
              │
         F : ¬p      ✓
         F : ¬q      ✓
              │
           T : p
              │
           T : q
              │
         F : p∧q     ✓
            ╱   ╲
       F : p      F : q
        (×)        (×)
```

(2)　¬p∨¬q ⊨ ¬(p∧q)

```
        T : ¬p∨¬q        ✓
        F : ¬(p∧q)       ✓
              │
         T : p∧q     ✓
              │
           T : p
              │
           T : q
            ╱   ╲
     T : ¬p ✓    T : ¬q ✓
        │           │
      F : p       F : q
       (×)         (×)
```

§5.4【練習問題5】　省略

§5.4【練習問題6】

　　　　　　⊨　p∨¬p

　　　　F : p∨¬p　✓

```
    |
  F : p
  F : ¬p   ✓
    |
  T : p
   (×)
```

§5.5【練習問題1】

(1)　p→q,　r→s,　p∨r　⊨　q∨s

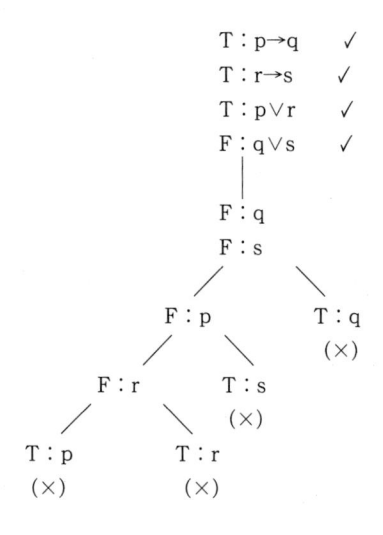

```
              T : p→q    ✓
              T : r→s    ✓
              T : p∨r    ✓
              F : q∨s    ✓
                 |
              F : q
              F : s
             /      \
         F : p       T : q
         /    \       (×)
      F : r    T : s
      /   \     (×)
   T : p   T : r
    (×)    (×)
```

§5.5【練習問題2】

⊨　p→p

```
   F : p→p    ✓
      |
   T : p
   F : p
    (×)
```

§5.5【練習問題3】

(1)　　p→q,　q　⊭　p

228

```
            T : p→q    ✓
            T : q
            F : p
           /     \
        F : p    T : q
```

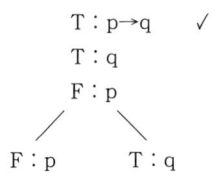

§5.6【練習問題1】省略

§5.6【練習問題2】

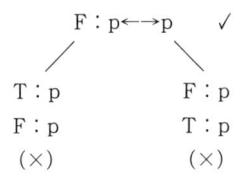

⊨ p⟷p

```
        F : p⟷p       ✓
       /        \
    T : p       F : p
    F : p       T : p
    (×)         (×)
```

§7.1【練習問題1】

(3) (p∧q)∧r ⊢ p∧(q∧r)

$$\frac{\dfrac{(p\land q)\land r}{\dfrac{p\land q}{p}} \quad \dfrac{(p\land q)\land r}{q} \quad \dfrac{(p\land q)\land r}{r}}{p\land(q\land r)}$$

(5) p ⊢ p∧p

$$\frac{p \quad p}{p\land p}$$

§7.2【練習問題1】

(2) p∨(q∨r) ⊢ (p∨q)∨r

$$\cfrac{p\lor(q\lor r)\quad \cfrac{\cfrac{p}{p\lor q}\,(2)}{(p\lor q)\lor r}\,(1)\quad \cfrac{\cfrac{q}{p\lor q}\,(2)\quad \cfrac{r}{(p\lor q)\lor r}\,(1)}{(p\lor q)\lor r}}{(p\lor q)\lor r}\,(2)$$

(4) $p\lor p \vdash p$

$$\cfrac{p\lor p \quad \cfrac{p}{p}\,(1) \quad \cfrac{p}{p}\,(1)}{p}\,(1)$$

§7.2【練習問題2】省略

§7.3【練習問題1】

(2) $p\to q,\ q\to r\ \vdash\ p\to r$

$$\cfrac{\cfrac{\cfrac{p\quad p\to q}{q}\,(1)\quad q\to r}{r}}{p\to r}\,(1)$$

(4) $p\to q,\ r\to s,\ p\lor r\ \vdash\ q\lor s$

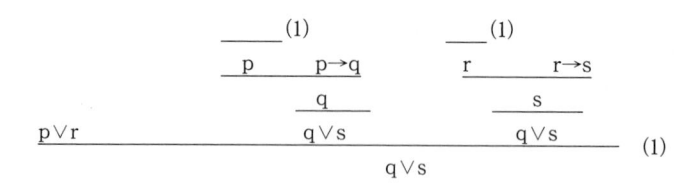

$$\cfrac{p\lor r\quad \cfrac{\cfrac{p\quad p\to q}{q}\,(1)}{q\lor s}\quad \cfrac{\cfrac{r\quad r\to s}{s}\,(1)}{q\lor s}}{q\lor s}\,(1)$$

§7.4【練習問題1】

(3) $\neg p,\ \neg q\ \vdash\ \neg(p\lor q)$

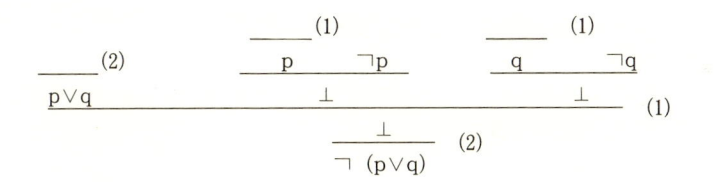

$$
\cfrac{\cfrac{\overline{p\vee q}^{(2)} \quad \cfrac{\cfrac{\overline{p}^{(1)} \quad \overline{\neg p}^{(1)}}{\bot} \quad \cfrac{\overline{q}^{(1)} \quad \overline{\neg q}^{(1)}}{\bot}}{\bot}^{(1)}}{\bot}}{\neg(p\vee q)}^{(2)}
$$

§7.4【練習問題2】

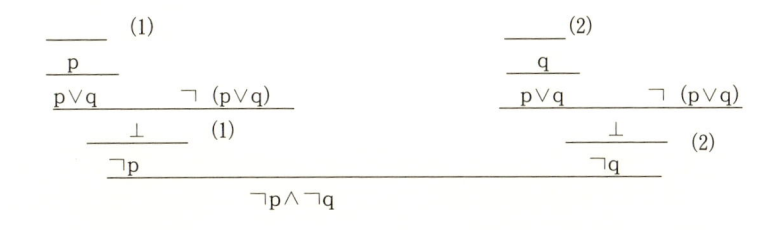

(2)　¬(p∨q) ⊢ ¬p∧¬q

$$
\cfrac{\cfrac{\cfrac{\overline{p}^{(1)}}{p\vee q} \quad \neg(p\vee q)}{\bot}^{(1)}}{\neg p} \quad \cfrac{\cfrac{\cfrac{\overline{q}^{(2)}}{p\vee q} \quad \neg(p\vee q)}{\bot}^{(2)}}{\neg q}
$$
$$
\neg p\wedge\neg q
$$

§7.5【練習問題1】

(1)　p∨q, ¬p ⊢ q

$$
\cfrac{p\vee q \quad \cfrac{\cfrac{\overline{p}^{(1)} \quad \neg p}{\bot}}{q} \quad \overline{q}^{(1)}}{q}^{(1)}
$$

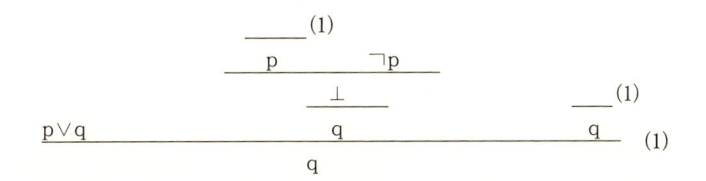

§7.6【練習問題1】

(2)　¬(p∧q) ⊢ ¬p∨¬q

$$
\cfrac{q\vee\neg q \quad \cfrac{\cfrac{\cfrac{\overline{p}^{(1)} \quad \overline{q}^{(2)}}{p\wedge q} \quad \neg(p\wedge q)}{\bot}^{(1)}}{\neg p} \quad \cfrac{\overline{\neg q}^{(2)}}{\neg p\vee\neg q}}{\neg p\vee\neg q}^{(2)}
$$

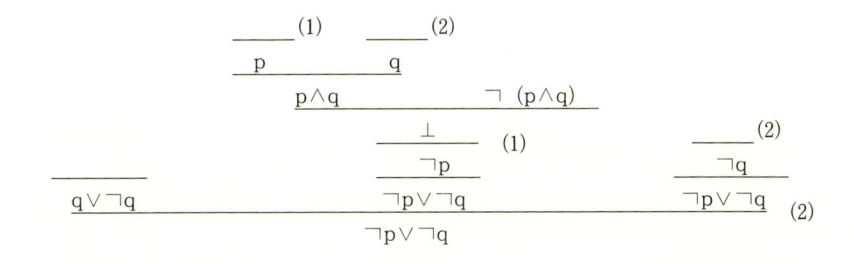

§7.7【練習問題1】
(1) 排中律と背理法は相互に導くことができる．2つに分けて証明すればよい．
　　（ⅰ）排中律から背理法を導く．

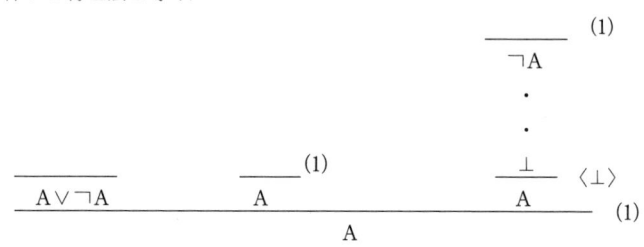

$$
\cfrac{\cfrac{}{A \vee \neg A} \qquad \cfrac{\overline{A}\ (1)}{A} \qquad \cfrac{\cfrac{\overline{\neg A}\ (1)}{\vdots}}{\cfrac{\bot}{A}\ \langle\bot\rangle}}{A}\ (1)
$$

　　（ⅱ）背理法から排中律を導く．省略．

(2) 背理法と2重否定の規則は相互に導くことができる．
　　（ⅰ）背理法から2重否定の法則を導く．

$$
\cfrac{\cfrac{\overline{\neg A}\ (1) \qquad \neg\neg A}{\bot}}{A}\ (1),\ \mathrm{RAA}
$$

　　（ⅱ）2重否定の規則から背理法を導く．省略．

§7.8【練習問題1】
一般に ⊢ A↔B を示すには，【例1】から明らかなように，⊢ A→B と ⊢ B→A を示せばよい．そして，それらを示すには，これまで採用した規則を適用すればよいのである．

§9.3【例1】
(1) すべての人はそそっかしい．　(2) すべての人がそそっかしい，とは限らない．
(3) 誰もそそっかしくない．　　　(4) 誰もそそっかしくない，というわけではない．
(5) そそっかしい人がいる．　　　(6) そそっかしい人はいない．
(7) そそっかしくない人がいる．　(8) そそっかしくない人はいない．
内容が等しいのは，(1)と(8)，(2)と(7)，(3)と(6)，(4)と(5)である．

§9.3【例2】省略

§10.1【例1】
(1) すべての人はメアリーの親である．　(2) ジョンはすべての人の親である．
(3) メアリーには親がある．　(4) ジョンには子供がある．
(5) どんな人にも子供がある．　(6) どんな人にも親がある．
(7) すべての人の親である人がいる．　(8) すべての人の子供である人がいる．
(9) すべての人はすべての人の親である．(10) 親子である人がいる．
　(1) と (2) は明らかに偽．(3) は真．(4) の真偽は"ジョン"による．下の［注］参照．(5) は偽．(6) は真．(7), (8), (9) は偽．(10) は真である．
　［注］ 文の真偽を考える場合には，少なくとも2つの点に注意する必要がある．1つは，(4) の真偽は，この"ジョン"が誰であるかによって変わるということである．つまり，名詞・代名詞などを含む文の場合は，それらが具体的に何を表わすかによって，その文の真理値が変わるということである．もう1つは，"ある"や"いる"は，現在時制ではなく，無時間的な"ある"・"いる"だということである．

§10.1【例2】省略

§10.1【例3】省略

§10.1【練習問題1】
(1)　$\exists y \neg L(j, y)$　　(2)　$\exists x \neg L(x, m)$
(3)　$\forall y \neg L(j, y)$　　(4)　$\forall x \neg L(x, m)$
(5)　$\exists x \forall y \neg L(x, y)$　　(6)　$\exists y \forall x \neg L(x, y)$
(7)　$\neg \exists y \neg L(j, y)$　　(8)　$\neg \exists x \neg L(x, m)$
(9)　$\neg \forall y \neg L(j, y)$　　(10)　$\neg \forall x \neg L(x, m)$
(11)　$\neg \exists x \forall y \neg L(x, y)$　　(12)　$\neg \exists y \forall x \neg L(x, y)$

§10.1【練習問題2】
(1) 誰もメアリーの親ではない．　(2) ジョンは誰の親でもない．
(3) ある人はメアリーの親ではない．　(4) ある人はジョンの子供ではない．
(5) 誰にも，その人の子供でない人がいる．
(6) 誰にも，その人の親でない人がいる．
(7) どの人にも子供はいない．　(8) どの人にも親はいない．
(9) 誰の親でもない人がいる．　(10) 誰の子供でもない人がいる．
(11) ある人は，すべての人の親というわけではない．

(12) ある人は，すべての人の子供というわけではない．
　　［注］　文の真偽については，上の§10.1【例1】の［注］を参照のこと．

§10.2【練習問題1】話の世界の指定は読者にゆだねる．
(1) ∀x(x は中学生である　→　x はサッカーが好きである)
(2) ∀x(x は 7 より大きい　→　x は 4 より大きい)
(3) ∀x(x は酒を飲む　→　x は人間である)
(4) ∀x(x は君子である　→　x は豹変する)

§10.2【練習問題2】話の世界の指定は読者にゆだねる．
(1) ∀x(x は中学生である　→　¬(x はサッカーが好きである))
(2) ∀x(x は 7 より小さい　→　¬(x は 9 より大きい))
(3) ∀x(x は転石である　→　¬(x には苔が生じる))
(4) ∀x(x は水が澄んでいる場所である　→　¬(x は魚がいる場所である))

§10.2【練習問題3】話の世界の指定は読者にゆだねる．
(1) ∃x(x は哲学者である　∧　x は女性である)
(2) ∃x(x は素数である　∧　x は偶数である)
(3) ∃x(x はボクシングが好きである　∧　x は女性である)
(4) ∃x(x は化粧が好きである　∧　x は男性である)
(5) ∃x(x は残ったものである　∧　x には福がある)

§10.2【練習問題4】話の世界の指定は読者にゆだねる．
(1) ∃x(x は哲学者である　∧　¬(x は論理的である))
(2) ∃x(x は人間である　∧　¬(x は親に似る))
(3) ∃x(x は男性である　∧　¬(x は会社勤めに向いている))
(4) ∃x(x は女性である　∧　¬(x は家事が得意である))

§10.3【練習問題1】話の世界の指定は読者にゆだねる．
(1) ∀x(∃y(x は y を愛する)　→　∃y(y は x を愛する))
(2) ∀x(∃y(y は x を愛する)　→　∃y(x は y を愛する))
(3) ∀x(∃y(y は x を愛する)　→　∃y(y は x を愛する))
(4) ∀x(¬(x は x を愛する)　→　∀y¬(x は y を愛する))
(5) ∀x(¬(x は x を愛する)　→　∀y¬(y は x を愛する))
(6) ∀x(∀y¬(x は y を愛する)　→　¬(x は x を愛する))
(7) ∀x(∀y¬(y は x を愛する)　→　∀y¬(x は y を愛する))

(8) $\forall x(\forall y \neg (x は y を愛する) \to \forall y \neg (y は x を愛する))$

§11.1【練習問題 1】省略

§11.1【練習問題 2】
(3)　$\forall x(F(x) \to G(x)), \forall x \neg G(x) \models \forall x \neg F(x)$

$$
\begin{array}{l}
T : \forall x(F(x) \to G(x)) \quad \checkmark \\
T : \forall x \neg G(x) \quad \checkmark \\
F : \forall x \neg F(x) \quad \checkmark \\
\quad | \\
F : \neg F(a) \quad \checkmark \\
\quad | \\
T : F(a) \\
\quad | \\
T : \neg G(a) \quad \checkmark \\
\quad | \\
F : G(a) \\
\quad | \\
T : F(a) \to G(a) \quad \checkmark \\
\swarrow \qquad \searrow \\
F : F(a) \qquad T : G(a) \\
(\times) \qquad\quad (\times)
\end{array}
$$

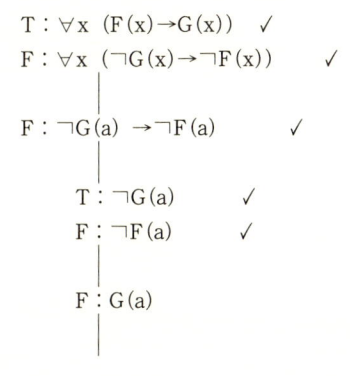

(5)　$\forall x(F(x) \to G(x)) \models \forall x(\neg G(x) \to \neg F(x))$

$$
\begin{array}{l}
T : \forall x\ (F(x) \to G(x)) \quad \checkmark \\
F : \forall x\ (\neg G(x) \to \neg F(x)) \quad \checkmark \\
\quad | \\
F : \neg G(a) \to \neg F(a) \quad \checkmark \\
\quad | \\
T : \neg G(a) \quad \checkmark \\
F : \neg F(a) \quad \checkmark \\
\quad | \\
F : G(a) \\
\quad |
\end{array}
$$

$$
\begin{array}{c}
\text{T}:\text{F(a)}\\
|\\
\text{T}:\text{F(a)}\to\text{G(a)} \quad \checkmark\\
\diagup \quad \diagdown\\
\text{F}:\text{F(a)} \quad \text{T}:\text{G(a)}\\
(\times) \quad\quad (\times)
\end{array}
$$

§11.2【練習問題 1】

(1)　$\forall x(F(x)\to G(x)),\ \exists x\neg G(x) \vDash \exists x\neg F(x)$

$$
\begin{array}{c}
\text{T}:\forall x(F(x)\to G(x)) \quad \checkmark\\
\text{T}:\exists x\neg G(x) \quad \checkmark\\
\text{F}:\exists x\neg F(x) \quad \checkmark\\
|\\
\text{T}:\neg G(a) \quad \checkmark\\
|\\
\text{F}:G(a)\\
|\\
\text{F}:\neg F(a) \quad \checkmark\\
|\\
\text{T}:F(a)\\
|\\
\text{T}:(F(a)\to G(a)) \quad \checkmark\\
\diagup \quad \diagdown\\
\text{F}:F(a) \quad \text{T}:G(a)\\
(\times) \quad\quad (\times)
\end{array}
$$

(2)　$\forall x(F(x)\to(G(x)\land H(x))),\ \exists xF(x) \vDash \exists xH(x)$

$$
\begin{array}{c}
\text{T}:\forall x(F(x)\to(G(x)\land H(x))) \quad \checkmark\\
\text{T}:\exists xF(x) \quad \checkmark\\
\text{F}:\exists xH(x) \quad \checkmark\\
|\\
\text{T}:F(a)\\
|\\
\text{F}:H(a)
\end{array}
$$

236

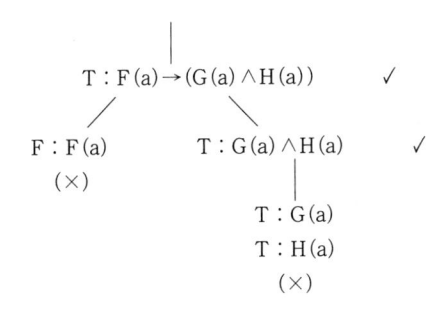

```
              |
     T：F(a)→(G(a)∧H(a))        ✓
         ╱        ╲
    F：F(a)    T：G(a)∧H(a)      ✓
     (×)           |
                T：G(a)
                T：H(a)
                 (×)
```

(3)　∀x((F(x)∨G(x))→H(x))，∃x¬H(x)　⊨　∃x¬F(x)

```
              T：∀x((F(x)∨G(x)) → H(x))     ✓
              T：∃x¬H(x)       ✓
              F：∃x¬F(x)       ✓
                   |
              T：¬H(a)          ✓
                   |
              F：H(a)
                   |
              F：¬F(a)          ✓
                   |
              T：F(a)
                   |
              T：(F(a)∨G(a)) → H(a)      ✓
                  ╱              ╲
         F：F(a)∨G(a)  ✓        T：H(a)
               |                 (×)
            F：F(a)
            F：G(a)
             (×)
```

§11.2【練習問題 2】省略

§12.1【練習問題 1】
(1)　∀x (F(x)→G(x)),　¬G(a)　⊢　¬F(a)

$$
\cfrac{\cfrac{F(a) \quad \cfrac{\forall x(F(x)\to G(x))}{F(a)\to G(a)}}{G(a)} \quad \neg G(a)}{\cfrac{\bot}{\neg F(a)}}\text{(1)}
$$

(2) $\forall x\,(F(x)\vee G(x)),\ \neg F(a)\ \vdash\ G(a)$

$$
\cfrac{\cfrac{\forall x(F(x)\vee G(x))}{F(a)\vee G(a)} \quad \cfrac{\cfrac{F(a)\quad \neg F(a)}{\bot}}{G(a)}^{(1)} \quad \cfrac{G(a)}{G(a)}^{(1)}}{G(a)}\text{(1)}
$$

§12.1【練習問題 2】省略

§12.1【練習問題 3】

(3) $\forall x\,(F(x)\to G(x)),\ \forall x\neg G(x)\ \vdash\ \forall x\neg F(x)$

$$
\cfrac{\cfrac{\cfrac{F(a)\quad \cfrac{\forall x(F(x)\to G(x))}{F(a)\to G(a)}}{G(a)}\quad \cfrac{\forall x\neg G(x)}{\neg G(a)}}{\cfrac{\bot}{\neg F(a)}^{(1)}}}{\forall x\neg F(x)}
$$

(5) $\forall x(F(x)\to \neg G(x))\ \vdash\ \forall x(G(x)\to \neg F(x))$

$$
\cfrac{\cfrac{G(a)^{(2)} \quad \cfrac{\cfrac{F(a)^{(1)} \quad \cfrac{\forall x(F(x)\to \neg G(x))}{F(a)\to \neg G(a)}}{\neg G(a)}}{\cfrac{\bot}{\neg F(a)}^{(1)}}}{\cfrac{G(a)\to \neg F(a)}{\forall x(G(x)\to \neg F(x))}^{(2)}}}{}
$$

§12.2【練習問題1】
(3) $\forall x((F(x) \vee G(x)) \to H(x)), \exists x \neg H(x) \vdash \exists x \neg F(x)$

$$
\cfrac{\cfrac{\cfrac{\overline{F(a)}^{(1)}}{F(a) \vee G(a)} \quad \cfrac{\forall x((F(x) \vee G(x)) \to H(x))}{(F(a) \vee G(a)) \to H(a)}}{\cfrac{H(a) \quad \overline{\neg H(a)}^{(2)}}{\cfrac{\bot}{\neg F(a)}{}_{(1)}}} }{\cfrac{\exists x \neg H(x) \quad \exists x \neg F(x)}{\exists x \neg F(x)}{}_{(2)}}
$$

§12.2【練習問題2】
(3) $\forall x (H(x) \to \neg G(x)), \exists x (F(x) \wedge G(x)) \vdash \exists x (F(x) \wedge \neg H(x))$

$$
\cfrac{\exists x(F(x)\wedge G(x)) \quad \cfrac{\cfrac{\overline{F(a)\wedge G(a)}^{(2)}}{F(a)} \quad \cfrac{\cfrac{\overline{H(a)}^{(1)} \quad \cfrac{\forall x(H(x)\to\neg G(x))}{H(a)\to\neg G(a)}}{\neg G(a)} \quad \cfrac{\overline{F(a)\wedge G(a)}^{(2)}}{G(a)}}{\cfrac{\bot}{\neg H(a)}{}_{(1)}}}{\cfrac{F(a)\wedge\neg H(a)}{\exists x (F(x)\wedge\neg H(x))}}}{\exists x (F(x)\wedge\neg H(x))}{}_{(2)}
$$

§13.3【練習問題1】
(1) $\forall x(G(x) \vee H(x)) \not\vdash \forall xG(x) \vee \forall xH(x)$ について．次のような解釈を M と名付けることにする．まず，M の領域 U は自然数全体の集合とする．次に，G の外延 $M[G]$ は奇数全体の集合とし，さらに，H の外延 $M[H]$ は偶数全体の集合とする．すると，すべての自然数は奇数か偶数であるから，T6)により，$M[\forall x(G(x) \vee H(x))] = T$. しかし，すべての自然数が奇数であるとはいえないから，$M[\forall xG(x)] = F$. 同様に，すべての自然数が偶数であるとはいえないから，$M[\forall xH(x)] = F$. かくして，T4)により，$M[\forall xG(x) \vee \forall xH(x)] = F$. それゆえ，V2)により，
　　$\forall x(G(x) \vee H(x)) \not\vdash \forall xG(x) \vee \forall xH(x)$

(2) $\forall xG(x) \vee \forall xH(x) \vdash \forall x(G(x) \vee H(x))$ について．背理法による．すなわ

ち，$\forall xG(x) \vee \forall xH(x) \not\models \forall x(G(x) \vee H(x))$ と仮定する．すると，V2)により，
$$M[\forall xG(x) \vee \forall xH(x)] = T \ldots ①$$
かつ
$$M[\forall x(G(x) \vee H(x))] = F \ldots ②$$
なる解釈Mが存在する．すると，①から，T4)により，
$$M[\forall xG(x)] = T \ldots ③$$

または
$$M[\forall xH(x)] = T \ldots ④$$
である．まず，③から，T6)により，Mの領域Uのすべての対象aについて，$M[G(a)] = T$．よって，T4)により，Mの領域Uのすべての対象aについて，$M[G(a) \vee H(a)] = T$．それゆえ，T6)により，
$$M[\forall x(G(x) \vee H(x))] = T \ldots ⑤$$
が得られる．しかし，これは②と矛盾する．他方，④から，T6)により，Mの領域Uのすべての対象aについて，$M[H(a)] = T$．よって，T4)により，Mの領域Uのすべての対象aについて，$M[H(a) \vee G(a)] = T$．それゆえ，T6)により，
$$M[\forall x(G(x) \vee H(x))] = T \ldots ⑥$$
が得られる．しかし，これは②と矛盾する．かくして，Mのような解釈は存在しない．それゆえ，V2)により，
$$\forall xG(x) \vee \forall xH(x) \models \forall x(G(x) \vee H(x))$$

(3) $\exists x(G(x) \wedge H(x)) \models \exists xG(x) \wedge \exists xH(x)$ について．背理法による．すなわち，$\exists x(G(x) \wedge H(x)) \not\models \exists xG(x) \wedge \exists xH(x)$ と仮定する．すると，V2)により，
$$M[\exists x(G(x) \wedge H(x))] = T \ldots ①$$
かつ
$$M[\exists xG(x) \wedge \exists xH(x)] = F \ldots ②$$
なる解釈Mが存在する．すると，①から，T7)により，Mの領域Uの少なくとも1つの対象aについて，
$$M[G(a) \wedge H(a)] = T \ldots ③$$

である．すると，T3)により，③から，
$$M[G(a)] = T \ldots ④$$
かつ
$$M[H(a)] = T \ldots ⑤$$
である．T7)により，④と⑤から，それぞれ，

$$M[\exists xG(x)]=T\ldots ⑥$$
かつ
$$M[\exists xH(x)]=T\ldots ⑦$$
となる．すると，T3)により，⑥と⑦から，
$$M[\exists xG(x) \land \exists xH(x)]=T\ldots ⑧$$
が得られる．しかし，これは②と矛盾する．かくして，Mのような解釈は存在しない．
よって，V2)により，
$$\exists x\ (G(x) \land H(x)) \vDash \exists xG(x) \land \exists xH(x)$$

(4) $\exists xG(x) \land \exists xH(x) \nvDash \exists x(G(x) \land H(x))$ について．次のような解釈をMと名付けることにする．まず，Mの領域Uは自然数全体の集合とする．次に，Gの外延M[G]は奇数全体の集合とし，さらに，Hの外延M[H]は偶数全体の集合とする．すると，ある自然数は奇数であり，またある自然数は偶数であるから，T7)により，それぞれ，
$$M[\exists xG(x)]=T\ldots ①$$
かつ
$$M[\exists xH(x)]=T\ldots ②$$
である．したがって，T3)により，
$$M[\exists xG(x) \land \exists xH(x)]=T\ldots ③$$
が得られる．他方，奇数かつ偶数というような自然数は1つも存在しない，つまり，Uのどのような対象aについても，$M[G(a) \land H(a)]=F$ であるから，T7)により，
$$M[\exists x(G(x) \land H(x))]=F\ldots ④$$
となる．かくして，V2)により，
$$\exists xG(x) \land \exists xH(x) \nvDash \exists x(G(x) \land H(x))$$

著者略歴
1936年　樺太に生まれる
1964年　東京大学大学院人文科学研究科博士課程単位取得退学
現　在　立正大学非常勤講師　東京水産大学名誉教授
著　書　『現代における哲学の存在意味』(北樹出版、2006年)
　　　　『知の軌跡』(北樹出版、2004年、共編著)
訳　書　『フレーゲ著作集1・概念記法』(勁草書房、1999年、共編訳)
　　　　ほか

よくわかる記号論理

2005年11月10日　第1版第1刷発行
2010年 3月15日　第1版第3刷発行

著　者　藤　村　龍　雄
　　　　　ふじ　むら　たつ　お

発行者　井　村　寿　人

発行所　株式会社　勁　草　書　房
　　　　　　　　　けい　そう

112-0005　東京都文京区水道2-1-1　振替　00150-2-175253
　　　　　(編集)　電話 03-3815-5277／FAX 03-3814-6968
　　　　　(営業)　電話 03-3814-6861／FAX 03-3814-6854
　　　　　　　　　　　　　　　　　　　　理想社・中永製本

©FUJIMURA Tatsuo　2005

ISBN978-4-326-10158-0　　Printed in Japan

JCOPY　<(社)出版者著作権管理機構　委託出版物>
本書の無断複写は著作権法上での例外を除き禁じられています。
複写される場合は、そのつど事前に、(社)出版者著作権管理機構
(電話 03-3513-6969、FAX 03-3513-6979、e-mail: info@jcopy.or.jp)
の許諾を得てください。

＊落丁本・乱丁本はお取替いたします。

http://www.keisoshobo.co.jp

黒田亘・野本和幸・藤村龍雄編
フレーゲ著作集　全6巻
　1　概念記法　　　　　　　　　　　　　　4200円
　2　算術の基礎　　　　　　　　　　　　　3990円
　3　算術の基本法則　　　　　　　　　　　6720円
　4　哲学論集　　　　　　　　　　　　　　4830円
　5　数学論集　　　　　　　　　　　　　　5460円
　6　書簡集　付「日記」　　　　　　　　　7140円

信原幸弘編
シリーズ心の哲学　全3巻
　I　人間篇　　　　　　　　　　　　　　　2940円
　II　ロボット篇　　　　　　　　　　　　　2940円
　III　翻訳篇　　　　　　　　　　　　　　　2940円

服部裕幸
言語哲学入門　　　　　　　　　　　　　　2940円

野本和幸
フレーゲ入門　生涯と哲学の形成　　　　　3150円

中山康雄
共同性の現代哲学　心から社会へ　　　　　2730円

菅　豊彦
道徳的実在論の擁護　　　　　　　　　　　2940円

河野哲也
環境に拡がる心　生態学的哲学の展望　　　2940円

マイケル・ダメット／藤田晋吾・中村正利訳
真理と過去　　　　　　　　　　　　　　　2730円

＊表示価格は2010年3月現在。消費税は含まれております。